수화언어의 이해와 실제

나남
nanam

사회복지학 총서·74

수화언어의 이해와 실제

고급과정

이준우·남기현

나남
nanam

〈초급과정〉과 〈중급과정〉의 뜨거운 반응에 용기를 얻어서 전문 수화통역사가 되고자 하는 사람들과 수화통역사로 활동하는 가운데 수화읽기와 수화사용에 부족함을 느끼는 전문가들에게 도움이 되고자 〈고급과정〉을 이제 세상에 내놓는다.

처음에 책을 기획할 때에는 〈고급과정〉을 사전식으로 만들어 방대한 양의 수화를 정리하려고 하였다. 이 일은 저자로서는 엄청난 노력과 고통스러운 연구의 과정을 필요로 하였다. 대략 3,000 단어에 육박하는 수화어휘를 발굴하였고, 그것들을 일일이 우리말로 풀어내었다. 여기에다가 살아있는 수화용례를 찾아내어 첨가하였다. 거의 작업이 다 끝나서 원고를 출판사에 넘기려고 했던 작년 연말에 예기치 못한 일이 발생하였다. 바로 '수화표준화 사업'이었다.

한국농아인협회를 중심으로 오랫동안 진행되어온 '수화표준화 사업'이 급진전되어 조만간 결과물이 나오게 된 것이다. 김승국 교수님을 중심으로 하여 김칠관 교수님 그리고 많은 학자들과 현장 전문가들이 힘을 합쳐 열정적으로 작업하고 있는 '수화표준화 사업'과 저자의 〈고급과정〉은 그 접근 방식에서 매우 유사하였던 것이다. '가나다순'의 3,000 단어가량의 수화어휘와 상황별 수화용례를 정리하여 〈고급과정〉으로 작업했던 내용이 자칫 '수화표준화 사업'의 성과를 약화시킬지도 모른다는 조심스런 우려가 들었다. 더욱이 '수화표준화 사업'의 내용을 자문받아 꼼꼼히 살펴보면서 연구방법의 유사성을 보다 더 분명하게 파악할 수 있었다. 한 개인의 연구보다 많은 분들의 노고가 집약되어 있는 역사적인 이 '수화표준화 사업'에 힘을 실어주어야 한다는 생각이 들었다. 그리고 〈고급과정〉의 내용은 《한국 수화사전》이라는 책으로 만들어져야 하며 이것은 저자 개인만이 아닌 언어학, 사회복지학, 특수교육학, 통역학 등의 관련 분야 학자 및 전문가들이 총출동하여 함께 머리를 맞대고 본격적으로 연구하여 작업되어야 할 것이라고 생각했다. 앞으로 제대로 된 수화사전을 만들 기회가 주어진다면 바로 그때, 지금까지 축적한 연구자료와 경험을 아낌없이 연구자들과 공유할 것이다.

물론 이렇게 결심하기까지 무척 힘들었다. 무려 2년 가까이 엄청난 에너지를 투자했던 일을 '수화표준화 사업'이라는 원대한 작업을 위해 세상에 내놓지 않고 그대로 놔둔다는 것이 쉬운 일이 아니었다. 하지만 이 모든 일의 목적이 한국 농인사회를 위한 것이라는 대의명분을 생각하면서 기쁘게 마음을 추스를 수 있었다. 그런 후에 〈고급과정〉을 다시 기획하고 준비하던 중, 현재 우리나라에서 활동하고 있는 전문 수화통역사들과 수화통역사가 되고자 하는 사람들이 실제로 농인이 사용하는 수화를 익힐 수 있는 교재를 만들어야겠다는 마음을 먹게 되었다. 많은 수화통역사들이 고대하는 '단어대단어 치환방식'의 수화통역이 아닌 '의미전달 중심의 수화통역'이 가능하기 위해서는 반드시 농식수화 표현들을 숙지하고 있어야 함을 늘 뼈저리게 느끼고 있었기 때문에 농식수화를 배울 수 있도록 하는 방향으로 〈고급과정〉을 집필하는 것은 사실 당연하였다. 때마침 몸담고 있는 나사렛대학교 점자음성전자교육정보센터로부터 연구비를 지원받게 되어 《인터넷 농식 수화사전》을 만드는 데 큰 힘이 되었다. 이렇게 제작된 《인터넷 농식 수화사전》의 내용을 초석으로 삼아 〈고급과정〉을 수월하게 진행시킬 수 있었다. 《인터넷 농식 수화사전》은 모든 수화내용을 저자를 직접 모델로 하여 동영상으로 제작하였고, 누구든지 나사렛대학교 점자음성전자교육정보센터 홈페이지에 들어가 검색해 볼 수 있도록 하였다. 《인터넷 농식 수화사전》은 전문가 집단의 자문과 감수를 거쳤으며 신뢰도와

타당도를 담보한 연구방법을 통해 수화를 수집하였기에 그 반응 또한 역시 뜨겁게 나타나고 있다. 특히 많은 농인들의 격려와 지지가 큰 힘이 되고 있다.

　이렇게 저자는 남기현 선생과 공동으로 〈고급과정〉을 〈초급과정〉과 〈중급과정〉보다도 훨씬 더 철저히 농인들이 사용하는 수화를 효과적으로 유창하게 구사할 수 있는 능력을 키울 수 있도록 그 내용을 특화시켜 보았다. 즉, 농인들이 실제로 가장 많이 쓰는 표현을 중심으로 살아있는 수화를 구사할 수 있도록 책의 내용을 구성하였다. 무엇보다도 표정이 살아있고 특유의 농문화가 절절히 배어 있는 농식수화를 구문별로 정리하여 소개하였다. 그러면서도 농인이 번번하게 사용하는 관용적 표현을 우선적으로 선정하여 이 책의 내용으로 구성하였다.

　그러기에 〈고급과정〉은 지금까지 발간되어온 수많은 수화어휘집과는 근본적으로 그 성격을 달리한다. 현재 한국에 출판되어 있는 거의 대부분의 수화책은 극단적으로 말하면 '한국어 대용 수화어휘집'이라고 말할 수 있다. 한국말에다가 그 뜻에 해당할 것으로 예측되는 수화어휘를 일대일로 붙여서 소개한 것이라고 할 수 있다. 엄밀하게 말해서 이런 수화어휘집을 통한 수화교육 접근으로는 농인의 문화와 삶을 담아낼 수 있는 전문 수화통역사를 양성하기란 대단히 어렵다. 쉽게 설명하면 한국식 영어를 배우고 익혀서 영어 통역사로 일하겠다고 하는 격이다.

　그래서 이 책은 책의 내용과 순서 자체도 파격적인 접근으로 시도되었다. 기존의 책에서 '가나다순'으로 정리한 것과는 달리 '수형순'으로 수화를 정리하고 설명하였다. 수형 (handshape)이란 수위(location), 수동(movement), 수향(orientation)과 함께 음성언어의 음소와 같이 의미를 변별하도록 하는 매개변수이다. 수화는 손과 손가락의 모양을 말하는 수형과 손의 위치를 말하는 수위, 손과 팔의 움직임을 말하는 수동, 손바닥의 방향을 말하는 수향으로 구성된다. 즉, 수형은 각각의 관절들이 굽혀졌느냐, 펴졌느냐, 펼쳐져 있느냐, 서로 붙어 있느냐에 따라 달라진다. 수위는 머리, 얼굴, 어깨, 가슴, 배, 손으로 구분한다. 수화는 한 개 혹은 한 개 이상의 수위를 가질 수 있다. 수동은 어깨, 손목과 손가락 관절의 움직임에 따라 달라진다. 마지막으로 수향은 수화공간이 3차원이므로 무수히 많은 방향을 가질 수 있다. 이 매개변수들로 수화의 각 단어들은 의미를 구성하게 된다.

이 책에서 수형의 순서는 비교적 빈도수가 높게 관찰되는 순으로 배열하였다. 이것은 각 단어의 타이틀이 수화의 뜻을 완벽하게 표현할 수 없고 더 적절한 표현이 있을 수 있음을 감안하여 국어의 순서보다 수형에 중요성을 부여하여 순서를 정한 것이다. 하지만 국어의 순서에 익숙한 독자를 위해 '가나다순'을 색인에 함께 실었다. 수형에 관한 선행연구(김칠관, 1998)를 근거로 하여 정리하였지만 기존 분류에 넣을 수 없는 새로운 수형을 위해 7개의 수형을 이 책을 통해 제안하고자 한다. 추가된 수형은 [손끝모은형], [안되다형], [R형], [농담형], [재벌형], [주사형], [구부린 1형]이다.

한편, 이 책에서 '수화'라고 나오는 모든 용어는 '수화언어' 혹은 '수어'와 동일한 의미를 갖고 있음을 밝히는 것으로 대신하고자 한다.

이번 〈고급과정〉을 만드는 데에도 여러모로 힘이 되어준 많은 분들이 있었다. 먼저 제자에서 공동저자로 훌쩍 성장한 남기현 선생에게 고마운 마음을 전한다. 남기현 선생은 힘들고 복잡한 수형분류를 하느라 많은 고생을 하였으며 정신없이 바쁜 저자에게 끊임없이 〈고급과정〉을 빨리 만들어야 한다는 자극을 주었을 뿐만 아니라 함께 책을 쓰는 가운데 저자가 미처 깨닫지 못한 많은 통찰을 가지게 해주었다. 그리고 수화모델과 수화지도, 수화수집과 수형분류에 애써준 아끼고 사랑하는 제자 이미영과 김동한, 이희선에게도 큰 감사를 하고 싶다. 지도교수와의 작업을 기뻐하며 헌신해준 그들이 있었기에 또 하나의 열매가 맺어질 수 있었다. 그리고 감수를 봐주신 임규현 목사님과 농식수화와 수화통역의 중요성을 일깨워주셨던 강주해 목사님, 한국 수화연구의 선구자로서 학문적 자극과 도전을 주시는 김칠관 교수님께 감사드린다. 특히 김칠관 교수님은 몇 년 전에 은퇴하시기 전까지 오랫동안 인천성동학교에서 교감 선생님으로 봉직하시면서도 그 바쁜 시간을 쪼개어 수많은 수화관련 논문과 글을 발표하셨으며, 한국농아인협회를 도와서 공인 수화통역사 자격시험의 토대를 놓으셨을 뿐만 아니라 한국수화학회를 발족시켜 저자를 포함한 젊은 학자들이 수화연구에 의욕을 불태울 수 있는 학술적 현장을 만들어 주셨다. 더욱이 수화에 관한 얕은 학문적 깊이로 인해 대학원을 운영해 나가는 데 많은 어려움과 한계에 봉착해 있을 때에 저자를 이끌어주시고, 나아가 현재는 초빙 교수로 동참해 주심으로 국내 최초의 대학원 과정인 국제수화통역학과를 튼튼하게 세워가는 데 큰 힘이 되어 주셨다. 이번에〈고급과정〉을 쓸 때, 기초가 되었던 수형분류는 김칠관 교수님의 선행연구가 없었다면 불가능하였을 것이다. 한국수화에 관한 글이나 논문을 쓸 때마다 김 교수님의 글을 인용하지 않고는 안 될 정도로 한국수화의 권위자로서 저자의 앞에 우뚝 서서 수화연구의 방향을 제시해 주신 데 대해 다시 한 번 큰 감사를 드린다.

이제《수화언어의 이해와 실제》가〈고급과정〉까지 나오면서 비로소 시리즈가 마무리된 것 같아 홀가분하면서도 한편으론 좀더 좋은 책을 만들지 못한 아쉬움이 크게 남는다. 앞으로 기회가 되면 개정판을 통해서 더욱더 독자들에게 유익한 내용으로 다가갈 것을 약속드린다. 《수화언어의 이해와 실제》라는 이 책을 통해서 많은 사람들이 수화를 언어로서 익히고, 그럼으로써 농인들을 보다 바르게 이해하고 사랑하며 함께 더불어 살아가는 아름다운 일들이 많아졌으면 하는 바람이다. 그렇게만 된다면 그동안의 노력에 대한 보상은 충분하다고 본다.

끝으로《수화언어의 이해와 실제》를 아껴주시고, 읽어주시는 독자 여러분께 깊은 감사를 드리며 나남출판 조상호 사장님을 비롯한 수고하신 직원분들께도 고마움을 전하고 싶다.

2004년 2월
이준우·남기현

📚 '고급과정'을 공부할 때 알아둘 점

⊙ 수형분류 기준

　김칠관(1998)의 수형분석을 기초로 하였으며 총 52개의 수형에 [손끝모은형], [안되다형], [R 형], [농담형], [재벌형], [주사형], [구부린 1형] 등 7개 수형을 첨가하였다.

1. 한손 수화

　① 한 단어의 경우 : 처음 시작하는 수화 동작을 기준으로 하였다.

　　예) 지루하다 : [바른손형] → [우두머리형] ⇒ [바른손형]

　② 두 단어 이상으로 합성된 경우 : 첫 단어의 수형을 기준으로 하였다.

　　예) 간이 맞지 않다, 더 하고 싶다 : [1 또는 ㅏ 형] + [5 형] ⇒ [1 또는 ㅏ 형]

2. 양손 수화

① 양손 수화의 수형이 같을 경우 : 양손의 동일한 수형을 기준으로 하였다.

　예) 순식간에 : [ㅇ형]

② 양손 수화의 수형이 다를 경우 : 수형분류는 주된 손인 오른손의 수형을
따라 정리하였다.

　예) 꿰뚫어보다, 파악하다, 딱 걸렸다 : [1 또는 ㅏ형]

◉ 수화설명

1. 수화설명의 이해를 돕기 위해 손가락에 번호를 붙였다.
   손가락 번호는 엄지손가락부터 1지, 2지, 3지, 4지, 5지이다.

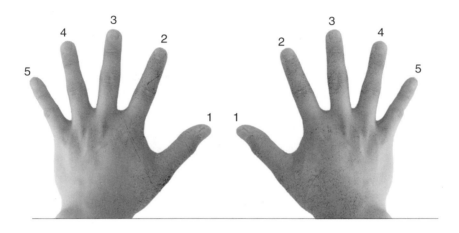

2. 수화자는 대부분 오른손을 사용하므로 우세손을 오른손으로, 비우세손
   을 왼손으로 표기하였다.

3. 수화의 구성요소인 수위, 수향, 수동, 수형이 잘 나타날 수 있도록 수화
   설명에 집중하여 작업을 하였다.

4. 수형은 왼손, 오른손, 양손 뒤에 바로 제시하였다.
   예) 〈 ~한 적이 없다, 경험이 없다〉 : 오른손 [5 형] 2지를 목 중앙에 댔다
   가 떼면서 아래로 힘껏 내린다.
   〈으뜸가다〉 : 왼손바닥[바른손형] 밑으로 오른손 [1 또는 ㅏ 형] 2지가 앞
   을 향하도록 위치했다가 앞으로 내민다.
   〈돈이 많다, 부자〉 : 양손 [ㅇ 형]을 양 어깨에서 반원을 그리며 배 쪽으로
   이동한다.

5. 수화가 언제 사용되는지 예문과 설명을 함께 실었다.

6. 얼굴표정이 중요하게 표현되는 수화의 경우에는 이에 대한 설명도 함께 표기하였다.

　　〈좌절하다, 소진하다〉: 양손 [주먹형]을 가슴 앞에서 약간 벌렸다가 왼팔은 옆으로 펴고 오른팔은 굽혀 위로 올린다 / 고개를 약간 돌리며 축 처진 표정을 한다.

⊙ 기호설명

　1. [　] : 수형분류

　2. 〈　〉 : 수화단어

　3. ✋ : 한손 수화

　4. ✋✋ : 양손 수화

　5. / : 수화의 동작 설명과 함께 얼굴표정을 함께 표기한다.

⊙ 화살표 설명

　1. ⟶ : 화살표 방향으로 직선으로 움직인다.

　2. ⤵ : 화살표 방향으로 곡선으로 움직인다.

　3. ⟿ : 화살표 방향으로 구불구불 움직인다.

　4. ↻ : 화살표 방향으로 원형을 그리며 움직인다.

　5. ⟷ : 앞뒤로 움직인다.

　6. 〝〟 : 손을 약간 흔든다.

　7. ⩔ : 신체에 손을 대고 두드린다.

⊙ 수형도

　김칠관(1998). 한국수화의 수형분류.

사회복지학 총서 · 74

수화언어의 이해와 실제

고급과정

차 례

· 고급과정을 내면서   005
· '고급과정'을 공부할 때 알아둘 점   010
· 수형도   017

[1 또는 ㅏ형] ····················· 21

[ㅇ형] ····················· 51

[바른손형] ····················· 66

[5 형] ····················· 80

[O 형] ····················· 92

[주먹형] ····················· 100

[지정형] ····················· 111

[부피형] ····················· 116

[구부린 1형] ····················· 121

[ㅑ 형] ····················· 125

[집게형]·············· 129

[60 형] ·············· 132

[부리형]·············· 136

[D 형]·············· 140

[손끝모은형]·············· 143

[L 형]·············· 146

[언덕형]·············· 149

[우두머리형]·············· 152

[박쥐형]·············· 155

[C 형]·············· 157

[농담형]·············· 160

[안 되다형] ·············· 163

[4 형]·············· 166

[R 형]·············· 168

[ㅣ형] ·············· 170

[ㅂ형]·············· 172

[Y 형]·············· 174

[ㅎ 형] ·············· 177

[ㅁ 형] ·············· 179

[2 형]·············· 181

[70 형] ·············· 183

[3 형]·············· 184

[ㅈ 형] ·············· 185

[포형]·············· 187

[90 형] ···················· 189

[주사형] ···················· 191

[재벌형] ···················· 192

수형순 색인 ···················· 195

가나다순 색인 ················ 204

참고문헌 ···················· 208

수형도

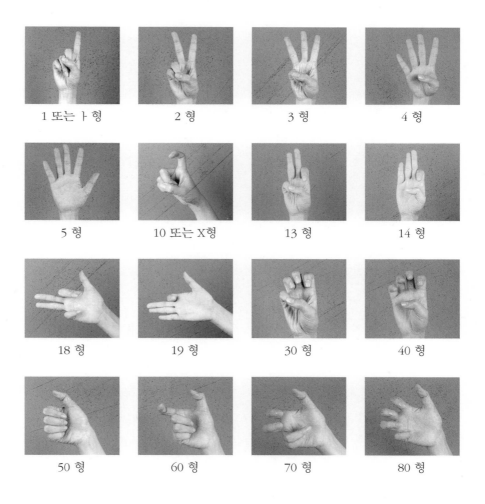

1 또는 ㅏ형	2 형	3 형	4 형
5 형	10 또는 X형	13 형	14 형
18 형	19 형	30 형	40 형
50 형	60 형	70 형	80 형

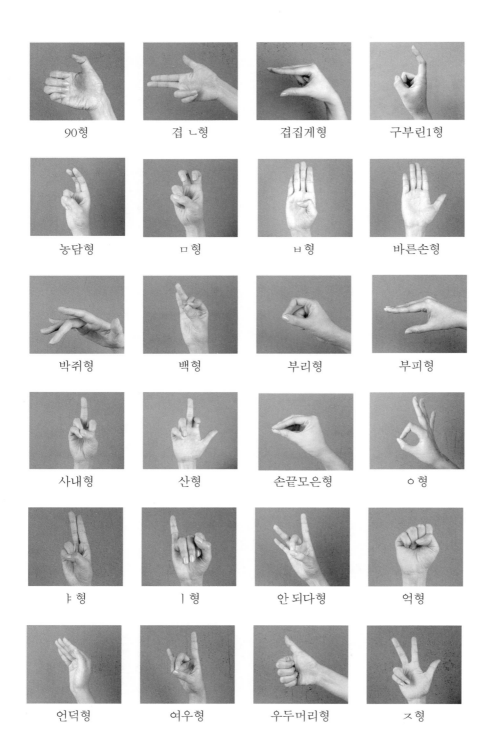

90형   겹 ㄴ형   겹집게형   구부린1형

농담형   ㅁ형   ㅂ형   바른손형

박쥐형   백형   부리형   부피형

사내형   산형   손끝모은형   ㅇ형

ㅑ형   ㅣ형   안 되다형   억형

언덕형   여우형   우두머리형   ㅈ형

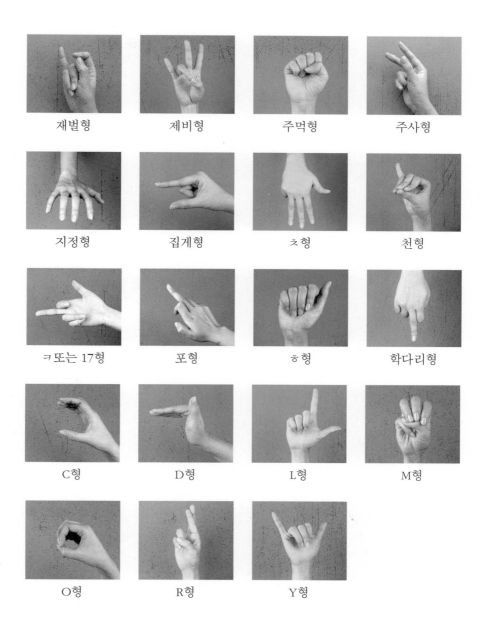

재벌형	제비형	주먹형	주사형
지정형	집게형	ㅊ형	천형
ㅋ또는 17형	포형	ㅎ형	학다리형
C형	D형	L형	M형
O형	R형	Y형	

[1 또는 ㅏ형]

1. 간이 맞지 않다, 더 하고 싶다 ✋

두 가지 의미로 사용할 수 있다. 예를 들어 음식이 싱거울 때, 뭔가 빠져서 음식의 맛이 전체적으로 조화롭지 못할 때 혹은 오락, 수다 등과 같이 자신이 좋아하는 것을 하다가 중간에 멈추게 되었을 때 아쉬워함을 표현한 것이다.

〈입〉 + 〈아직〉

▶ 〈입〉 : 오른손[1 또는 ㅏ형] 2지 끝을 입 오른쪽에 댄다.

▶ 〈아직〉 : 오른손[5형]을 몸 앞에서 위아래로 털듯이 움직인다.

2. 감언이설로 꾀다

상대를 말로써 꾀어 이용하려 할 때 사용할 수 있다.
〈입〉 + 왼손[우두머리형]을 향해 오른손가락 끝을 향하게 하여 손가락을 움직이
며 좌우로 이동한다.

3. 고급, 돋보이다

비싸고 좋은 물건을 보고 감탄할 때 혹은 사람을 두고도 사용할 수 있는데, 예를
들어 어린시절에 평범하게 자랐던 친구가 어느 날 고향에 금의환향하는 모습을
보고 놀라며 사용할 수 있다.
오른손[1 또는 ㅏ형] 2지로 눈을 가리키고 그대로 위로 올린다.

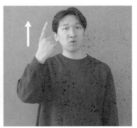

다른 표현 : 이 수화는 주로 '좋다' 라는 의미로 사용하지만 강조의 표정과 수동을
통해 '고급' 이라는 의미로도 사용된다.
 〈좋다〉 수화를 강하게 하며 앞으로 내민다.

4. 구미에 맞지 않다, 입맛에 맞지 않다

양손 등을 맞대고 비벼서 '갈등, 어색함'을 나타낸다.

〈입〉 + 〈갈등, 어색〉 (양손[D형] 등을 맞닿게 하여 위아래로 엇갈리게 비빈다)

5. 긴 말이 필요 없다, 복잡하게 할 것 없다

〈필요 없다〉는 기본적으로 양손을 사용하지만 농인들은 보통 대화 중에 한손 수화로 한다.

〈말〉 + 〈필요 없다〉

다른 표현 : ① 번 수화는 말을 길게 할 필요 없이 간단히 줄인다는 의미이다.

 ① 〈말〉 + 양손[부리형]을 양옆으로 벌렸다가 중앙으로 빠르게 붙인다.

😷 ② 〈수다〉 + 〈필요 없다〉

▶ 〈말〉 : 오른손[1 또는 ㅏ형] 2지를 입 앞에서 나가듯이 여러 번 앞뒤로 움직인다.

▶ 〈필요 없다〉 : 오른손[D형] 손끝을 배 오른쪽에 댔다가 손끝이 밖으로 향하도록 움직인다.

▶ 〈수다〉 : 왼손[1 또는 ㅏ형]에 오른손[ㅇ형] 1,2지 부분을 대고 왼손 손끝까지 앞으로 나간다.

6. 꾸준히 전진하다, 적극적으로 😷

장벽을 뚫듯이 목표를 향해 열심히 매진하는 모습을 나타낸 것이다.
왼손바닥[바른손형]에 오른손[1 또는 ㅏ형] 2지를 댄 상태로 뚫듯이 2지를 돌리며
앞으로 전진한다.

7. 꿰뚫어 보다, 파악하다, 딱 걸렸다 😷

자신이 다른 사람의 마음이나 상황 혹은 어떤 일을 파악했을 때 사용할 수 있다.
왼손가락[5형] 2, 3지 사이에 오른손[1 또는 ㅏ형] 2지를 끼운다.

8. 남의 눈에 띄다, 돋보이다

많은 사람들 가운데 뛰어나 돋보이는 사람을 두고 사용할 수 있다.

〈눈〉 + 왼손바닥[5 형]을 자신의 얼굴을 향하게 위치한 후 오른손[1 또는 ㅏ형]
2지를 왼손바닥에 대고 동시에 자신의 몸쪽으로 당긴다.

다른 표현 : 〈눈〉 + 왼손바닥[5 형] 밑에 오른손[1 또는 ㅏ형] 2지를 대고 2
지가 보이도록 앞으로 내민다 .

▶ 〈눈〉 : 오른손[1 또는 ㅏ형] 2지로 오른쪽 눈을 가리킨다.

9. 낯익다 ✋

많이 접촉해서 이미 잘 알고 지내는 사람을 말한다. 〈얼굴〉 + 〈알다〉

▶ 〈얼굴〉: 오른손[1 또는 ㅏ형] 2지를 얼굴 앞에서 얼굴형을 따라 원을 그린다.

▶ 〈알다〉: 오른손바닥[5형]을 가슴에 대고 위아래로 움직인다.

다른 표현 : ✋ 〈얼굴〉 + 〈만나다〉(양손[1 또는 ㅏ형] 2지를 세워서 앞뒤에서 중앙으로 이동하여 양손이 닿게 한다)를 2~3회 반복 동작한다.

10. 내 정신 좀 봐라, 머리가 아주 나쁘다, 골이 비었다, 멍청이 ✋✋

주로 실수투성이인 사람을 두고 사용할 수 있는데 예를 들어 우산이나 소지품을 습관적으로 잃어버리는 사람을 주위 사람이나 본인 스스로가 자신의 모습을 보고 이 수화를 사용할 수 있다.

〈머리〉 + 양손[주먹형] 손목 부위를 맞댄 후 2회 부딪힌다.

▶ 〈머리〉: 오른손[1 또는 ㅏ형] 2지를 오른쪽 관자놀이에 댄다.

11. 내가 이길 수 없다 🖐🖐

백기를 들 정도로 상대의 힘이 월등히 강하여 결국 이길 수 없음을 표현한 것이다.
〈희다〉+ 왼손[1 또는 ㅏ 형] 2지를 오른손[5형] 손목에 대고 양손을 동시에 위로 올린다.

다른 표현 : 🖐🖐 오른손[우두머리형]으로 왼손[우두머리형]을 치듯이 몸쪽으로 움직인다.

12. 너무 적다 🖐

수와 양에 있어 적음을 의미한다.
〈눈〉 + 오른손[부리형] 1, 2지를 튕긴다 / 눈을 가늘게 뜬다.

13. 노련하다, 베테랑이다 🖐🖐

많은 경험을 쌓아 어떠한 일이나 분야에서 능숙하다는 의미로 사용할 수 있다.
직업, 기술, 기능면에서 사용 가능하다. 또한 세계 여러 나라를 여행하고 돌아온
사람이 많은 사람들을 모아두고 이야기할 때 그 사람을 보고 다른 사람들이 '저 사
람은 여행 경험이 많다' 라고 말할 수 있다.

〈경험〉(오른손[1 또는 ㅏ 형] 2지를 목에 댄 후 양손[바른손형] 손끝 부분을 겹치고 위아래
로 교차한다) + 양손[지정형] 손끝을 얼굴을 향하게 하여 동시에 주먹을 쥐며 이마
에 댄다.

14. 눈에 거슬리다, 보기 싫다 🖐🖐

감정적으로 갈등이 있어 보기 싫은 상대를 향해 표현할 수 있다.

〈눈〉 + 오른손[주먹형]을 왼손[부피형]으로 잡고 밖에서 얼굴 쪽으로 향하도록 손
목을 돌린다.

다른 표현 : 🖐🖐 〈눈〉 + 오른손[5형] 2지를 목에 댄 후 오른손[5형] 손등을 왼손
바닥[부피형]에 대고 스치며 오른손을 아래로 뺀다.

15. 눈이 좋다, 눈썰미가 있다 🖐

다른 사람들이 놓치기 쉬운 것을 잘 볼 때 사용할 수 있다.

〈눈〉 + 〈좋다〉(오른손[C형]을 코에서 주먹을 쥐며 앞으로 내민다)

다른 표현 : 🖐🖐 ① 〈눈〉 + 〈귀신〉(왼손[5형] 손등 위에 오른손[박쥐형] 3지를 대고
살짝 위로 올린다)

🖐🖐 ② 〈눈〉 + 〈보석〉(왼손[주먹형] 손등 위에 오른손[O형] 손등을 올려놓고 2회 손끝을 모았다 폈다 한다)

🖐 ③ 〈눈〉 + 〈100〉(오른손[5형] 1, 2, 3지를 붙인다)

🖐 ④ 〈눈〉 + 〈100〉(오른손[1 또는 ㅏ형] 2지를 오른쪽 눈 옆에 댄다)

16. 눈치가 빠르다 🖐

〈빠르다〉 수화는 '화살이 날아가는 모양'으로 빠름을 상징한 것이다.

〈눈〉 + 〈빠르다〉(오른손[부리형] 1지를 튕기며 오른쪽에서 왼쪽으로 이동한다)

17. 눈치가 빠르지 못하다, 상황을 분간하지 못하다 🖐🖐

수화의 독특한 표현이다. 눈이 썩거나 느려서 잘 볼 수 없음을 통해 '눈치가 없다' 는 것을 표현한 것이다.

〈눈〉 + 〈썩다〉(왼손[부피형]으로 오른손[주먹형] 팔목을 감쌌다가 오른손을 약 간씩 흔들며 아래로 내린다)

다른 표현 : 〈늙다〉는 '행동이 느리다' 고 할때도 사용하는데 이는 눈치가 빠르지 못함을 표현한 것이다.

🖐 〈눈〉 + 〈늙다〉(오른손[바른손형] 1지 끝을 턱 중앙에 댔다가 오른쪽으로 제낀다)

18. 도무지 생각이 나지 않는다 🖐🖐

말을 하다가 갑자기 생각나지 않을 때 사용할 수 있다.
〈생각〉 + 〈기계〉(양손[지정형]의 손가락 사이를 톱니바퀴처럼 낀 후 아래로
내리며 멈춘다)

다른 표현 : 🖐🖐 ① 〈생각〉 + 〈도망〉(왼손[언덕형] 밑에 오른손[O형]을 위치했다가
오른손 2, 3지를 펴면서 앞으로 내민다)

🖐🖐 ② 〈생각〉 + 양손[ㅑ형]을 몸 앞에서 손끝을 위로 비스듬히 세웠다가 동시에
앞으로 내린다.

▶ 〈생각〉 : 오른손[1또는 ㅏ형] 2지를 머리 오른쪽에 댄다.

19. 뜻밖에, 뜻밖이다 🖐🖐

'생각지도 않게, 전혀 기대하지 않았는데' 라는 의미에서 사용할 수 있다.

〈생각〉 + 양손[ㅇ형] 손끝을 붙였다가 튕기듯이 푼다.

20. 마음이 약해서 탈이다, 동정심이 많아서 탈이다 🖐🖐

옆구리는 양심, 마음을 의미한다.

오른손[1 또는 ㅏ형] 2지로 옆구리 찌르며 몸을 약간 옆으로 숙인다 + 〈약하다〉

(양손바닥[5형]을 가슴에 댔다가 동시에 아래로 내린다)

21. 많은 사람을 만나다 🖐🖐

왼손은 많은 사람을, 오른손은 한 사람을 의미하는 것으로 한 사람이 많은 사람들과 교제하는 것을 표현한 것이다.

왼손바닥[5형]과 오른손[1 또는 ㅏ형] 2지를 마주보게 위치한 후 오른손을 좌우로 움직인다.

22. 말 안들을 때, 불순종, 말을 잘 듣지 않는다 🖐

타인의 말을 듣지 않음을 나타낸다.

〈말〉 + 〈불순종하다〉(오른팔[주먹형]을 겨드랑이에 붙였다가 밖으로 내민다)

다른 표현 : 🖐 〈말〉 + 귀 옆에서 오른손[1 또는 ㅏ 형] 2지를 왼손바닥[바른손형] 중앙에 댔다가 밖으로 튕겨 내민다.

23. 말로 표현할 수 없다, 말도 마라! 형언할 수 없다 🖐🖐

말로 표현할 수 없음을 나타낼 때 사용할 수 있다. 예를 들어 절친한 친구의 사고 현장을 보고 말을 잇지 못할 때, 비밀스런 현장을 목격했을 때, 혹은 캐나다를 다녀 온 사람이 아주 좋았던 경험을 '말로는 설명할 수 없고 직접 가봐야 안다' 라고 말할 때 사용할 수 있다.

〈말〉 + 양손[주먹형]을 위아래로 포갠 후 위에 위치한 오른손을 앞으로 내민다.

24. 말을 바꾸다, 말이 달라지다 ✋

일관되게 말하지 않고 말을 바꾸거나 얼버무리는 사람이나 상황을 두고 사용할 수 있다.

〈말〉 + 오른손[2형] 2, 3지를 입 앞에서 세워 손목을 앞뒤로 2~3회 돌린다.

25. 말이 막혀서 할 말이 없다 ✋✋

대화를 하다가 상대의 뛰어난 언변, 인격, 신분 등에 주눅이 들거나 자신이 틀렸다는 사실을 인정하여 더 이상 말하지 못하게 될 때 혹은 말하고 싶지 않을 때, 할말이 없을 때 사용할 수 있다.

〈말〉 + 왼손[부피형] 1, 2사이에 오른손[언덕형]을 넣었다가 뒤로 뺀다.

  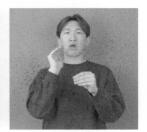

다른 표현 : 〰️ 〈말〉 + 양손[5 형]을 몸 앞에서 손끝이 앞을 향하도록 폈다가 몸 쪽으로 당기면서 손가락을 구부린다.

26. 말이 안 통하다, 거 참 대책이 없는 사람이네 〰️〰️

어떤 두 사람이 배를 타고 노를 저어 가고 있는데 그 중 한 사람이 배의 진행방향과는 반대로 노를 저으려고 하였다. 배는 방향을 잡지 못하는데도 불구하고 고집을 꺾으려 하지 않을 때 상대가 할 수 있는 말이다. 즉 상식이 통하지 않는 엉뚱한 사태를 초래하는 상대를 두고 사용할 수 있다.

〈생각〉 + 양손[주먹형]의 손목 부위를 맞댄 후 2번 부딪힌다.

27. 말이 통하지 않는다, 동문서답 〰️〰️

말이 통하지 않거나 대화 중에 자주 다른 대답을 하는 상황에서 사용할 수 있다.

〈말〉 + 〈엇갈리다〉(양손[1또는ㅏ형] 2지를 몸 앞에서 손끝이 마주보도록 위치했다가 어긋나도록 움직인다)

28. 망신당하다

자신의 말이나 행동의 잘못으로 인해 체면이나 명예 등에 손상을 입었을 때 사용
할 수 있다.

〈얼굴〉 + 왼손바닥[5형]에 오른손[지정형] 손끝을 갖다댄다.

다른 표현 : ① 〈얼굴〉 + 〈깨지다〉(양손[우두머리형] 1지 끝을 붙였다가 떼면서
아래로 내린다.

🖐 ② 오른손[O형] 손끝을 코에 댔다가 손목을 위로 꺾는다.

🖐🖐 ③ 〈얼굴〉 + 〈칠하다〉(세운 왼손바닥[바른손형]에 오른손[바른손형]을 대고 붓으로 칠하듯이 위아래로 움직인다)

29. 머리가 나쁘다, 구제불능 🖐

〈머리〉 + 〈나쁘다〉(오른손[ㅂ형] 2지 부분을 코에 대고 사선으로 내린다)

다른 표현 : 🖐🖐 〈머리〉+ 왼손[C형]으로 오른손[주먹형]의 손목 부위를 잡고 약간 흔든다.

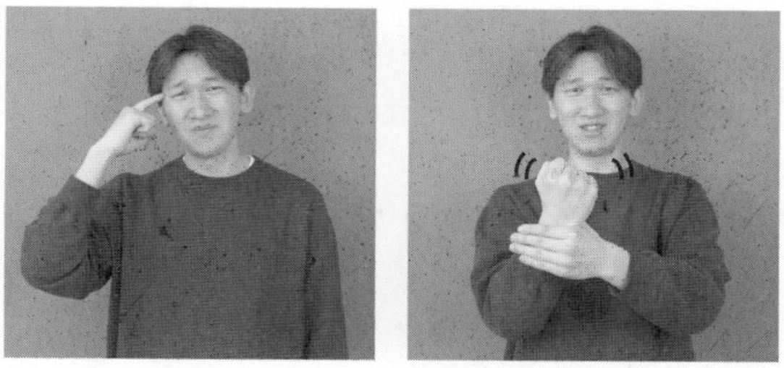

30. 멍하다

〈눈〉 + 〈엉터리〉(오른손[ㅂ형]을 왼손[언덕형]밑에 두고 원으로 돌린다)

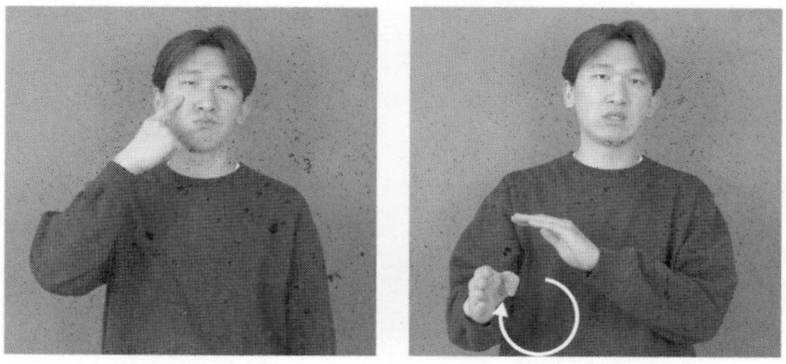

31. 무심결에, 무심코, 생각 없이

〈생각〉 + 왼손[ㄴ형] 1, 2지 사이에 오른손[1 또는ㅏ 형] 2지로 2회 원을 그리며 돌린다.

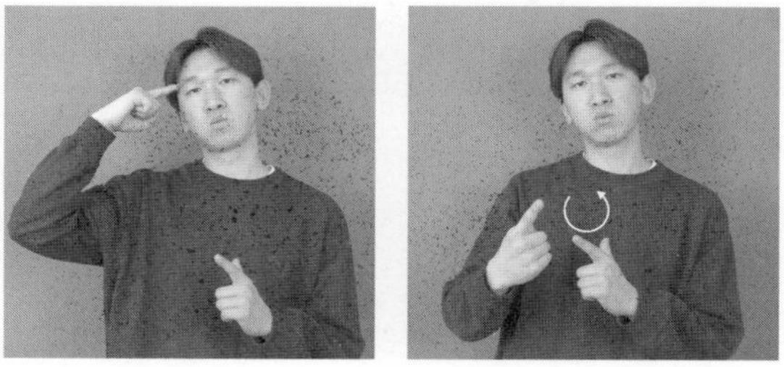

32. 미치다, 열광하다, 빠지다 🖐️🖐️

어떤 일에 지나칠 정도로 심취한 경우를 두고 사용할 수 있다. 가령 컴퓨터오락이나 낚시 등과 같은 취미생활에 푹 빠진 경우이다.

〈생각〉 + 양손[90형]을 얼굴을 향하게 상하로 위치한 후 동시에 두 손을 앞뒤로 움직인다.

33. 믿을 수 없다 🖐️🖐️

어떤 상대나 상황에 대해서 신뢰할 수 없을 때 사용할 수 있다.

〈믿음〉(왼손바닥[바른손형]에 오른손[1 또는 ㅏ형]을 가로로 갖다 댄다) + 〈0점〉(왼손[ㅇ형] 밑에 오른손[ㅑ형]을 가로로 놓는다)

34. 발뺌하다, 이 핑계 저 핑계를 대다 🖐️🖐️

자기에게 불리한 상황이거나 책임을 면하고자 할 때 사용할 수 있다. 다른 표현으로는 〈말〉 + 〈비유하다〉가 있다.

양손[1 또는 ㅏ형] 2지를 상하로 위치한 후 엇갈려 돌린다.

35. 부채 늘어나다, 적자 늘어나다 <image-hands>

부채가 늘어남을 의미한다.

〈빨강〉 + 양손[부리형] 1, 2지를 붙였다가 서서히 벌리면서 위로 올린다.

다른 표현 : <image-hands> 〈빨강〉 + 양손[ㅣ형] 5지 손끝을 아래로 향하게 한 후 동시에 올린다.

▶ 〈빨강〉: 오른손[1 또는 ㅏ형] 2지를 입술아래에 위치한 후 왼쪽에서 오른쪽으로 이동한다.

36. 빨리 닳다

생각보다 건전지가 빨리 닳다.

〈입〉 + 양손[ㅇ형]을 몸 앞에서 벌렸다가 가운데로 이동하며 1, 2지를 푼다.

37. 생각이 부족하다, 똑똑하지 못하다

생각이 부족함을 의미한다.

〈생각〉 + 오른손[ㅈ형] 1지를 코에 대고 2, 3지는 흔든다.

다른 표현 : 〈부족하다〉수화는 '어딘가 한 곳에 새는 구석이 있는 것'이라는 의미를 형상화한 수화이다. 이는 숨 하나가 새 나가면 틈이 있게 마련이기 때문에 완벽하지 못하다는 의미가 된다.

 〈생각〉 + 〈부족하다〉(오른손[60형] 1지를 코에 고정하고 2지를 오른쪽으로 이동하여 1지에 붙인다)

38. 심증을 굳히다, 의심하다 ✋

의심이 가는 상황에서 상대의 행동이나 말을 통해 갖게 되는 생각과 확신을 표현할 때 사용할 수 있다. 즉 도난 등과 같은 상황에서 어떤 사람이 범인이라는 확신이 들 때이다.

오른손[1 또는 ㅏ형] 2지를 목에 댔다가 오른손[ㅎ형]을 몸 앞에서 좌우로 흔든다.

39. 썩 마음에 안 든다 ✋✋

양손 손등을 마주 대고 엇갈리게 상하로 비비는 동작을 통하여 사람과 사람사이의 마찰, 껄끄러움을 표현한다. 따라서 이 수화는 어떤 상대나 상황이 마음에 안 들 때 사용할 수 있다.

오른손[1 또는 ㅏ형] 2지를 목에 댄다 + 〈갈등, 어색〉

▶ 〈갈등, 어색〉 : 양손[D형] 손등을 맞닿게 하여 위아래로 엇갈리게 비빈다.

40. 아찔하다

오른손[1 또는 ㅏ 형] 2지 끝을 턱에 댔다가 뗀 후 꼬불꼬불 움직이며 얼굴에서 원을 그린다.

41. 어디 한번 해봐

상대에게 시도해보라고 권유할 때 사용할 수 있다.
오른손[1 또는 ㅏ 형] 2지를 눈 밑에 대고 2번 두드린다.

42. 얼굴이 판에 박은 듯이 똑같다

얼굴이 '등사기로 민듯이' 너무 닮았다는 의미이다.
〈얼굴〉 + 왼손바닥[바른손형] 위에 오른손[ㅎ형]을 엎어 놓은 상태로 왼손 손끝으로 이동한다.

43. 원 세상에… 살다보니 별일 다 본다, 세상에… 🖐🖐

예를 들어 신발을 머리 위에 올려놓고 다니는 엉뚱한 사람을 보고 이 수화를 사용할 수 있다. 즉 상식이 통하지 않는 엉뚱하거나 기이한 상황에서 사용할 수 있다.

〈생각〉 + 왼손바닥[5형] 위에 오른손[우두머리형] 1지 끝을 대고 2번 두드린다 / 한쪽 볼 부풀리기

44. 으뜸가다 🖐🖐

많은 사람 중에 우뚝 드러난다는 것으로 '으뜸'이라는 의미이다.

왼손바닥[바른손형] 밑으로 오른손[1 또는 ㅏ형] 2지가 앞을 향하도록 위치했다가 앞으로 내민다.

45. 이심전심, 자세히 말 안 해도 알아서 하다 🖐🖐

굳이 말하지 않아도 서로 알고 있는 아지트를 말할 때, 혹은 자세히 말하지 않아도 스스로 알아서 할 때 사용할 수 있다.

〈머리〉 + 박수를 2번 친다.

다른 표현 :  〈머리〉 + 0-0-7(지숫자)

46. 일등, 가장 ~하다 🖐

남과 비교했을 때 누구와도 비교가 안 될 정도로 심한 정도를 표현한 것이다.

예를들면, 게으르기 짝이 없다 〈게으르다〉 + 〈1등〉

더럽기 짝이 없다 〈더럽다〉 + 〈1등〉

엉뚱하기 짝이 없다 〈엉뚱하다〉 + 〈1등〉 등이다.

오른손[1 또는 ㅏ 형] 2지를 몸쪽으로 빠르게 끌어당긴다.

47. 전심전력으로, 젖 먹던 힘을 다해 🖐🖐

온 맘과 온 힘을 다하여 한 가지 일에 집중한다는 것이다.

〈생각〉 + 양손[지정형]을 손끝이 향하도록 상하로 위치한 후 동시에 양손을 돌리며 주먹을 쥔다.

48. 주의 깊게 보지 않다 🖐🖐

〈엉터리〉수화는 풍구(風具)가 헛돌아 허풍(虛風)을 일으킴을 상징화함으로써 엉터리를 구성한다는 것이다. 이 수화는 일반적으로 〈엉터리〉수화는 허울만 있고 실속이 없는 사람이나 사물을 의미하지만 〈눈〉수화와 함께 쓰여 집중하지 않고 주의를 기울이지 않음을 의미한다.

〈눈〉 + 〈엉터리〉

49. 징그럽다, 섬뜩하다 🖐🖐

섬뜩하여 머리가 위로 솟음을 형상화한 수화이다.

〈머리〉+ 양손[ㅇ 형]을 상하로 고리를 만들어 위로 올린다.

50. 측은한 마음이 들다, 동정심이 생기다 🖐

옆구리는 '양심, 마음'을 의미함으로 측은함을 표현할 때 사용할 수 있다.

오른손[1 또는 ㅏ 형] 2지로 옆구리를 찌르며 몸을 약간 옆으로 숙인다.

51. 탄로가 나다 🖐

어떤 일을 저지르고 결국을 그 일이 탄로가 나 발각되었을 때 사용할 수 있다. 예를 들어 운전중에 감시 카메라에 속도위반으로 찍혔을 때나 교통순경에게 신호위반으로 걸렸을 때 등에서 사용할 수 있다.

오른손[1 또는 ㅏ 형] 2지 끝을 코끝에 댄 상태에서 구부린다.

52. 혼이 나다, 어이크…!, …할 뻔하다 🖐

바람 앞에 위태로운 촛불을 형상화한 것으로 어떤 상황에서 "~할 뻔하다" 라는 의미로 사용할 수 있다. 예를 들어 달리던 차가 급격히 정지하다가 앞차를 받을 뻔한 경우, 지하철에서 다른 역에서 내릴 뻔한 경우, 학생이 커닝을 하다가 선생님께 들킬 뻔한 경우 등에서 사용할 수 있다.

오른손[1 또는 ㅏ형] 2지 끝을 턱에 댔다가 끝을 구부리며 앞으로 당긴다.

53. 힘이 빠지다, 할 마음이 나지 않는다 🖐

어떤 일을 계속 하다가 결국에는 성공하지 못하고 중간에서 포기할 경우 사용할 수 있다. 예를 들어 등산을 하다가 정상까지 너무 멀어 중간에서 포기하다, 고기를 잡는데 오래 기다려도 한 마리도 잡지 못해서 그만두다, 친구 집에 놀러 가려다가 너무 멀어서 포기하다 등에서 사용할 수 있다. 즉 어떤 일이나 상황이 도저히 할 맘이 나지 않을 때이다.

왼손바닥[5형]에 오른손[1 또는 ㅏ형] 2지 끝을 댔다가 동시에 두 손을 자신의 몸 쪽으로 제낀다.

[ㅇ형]

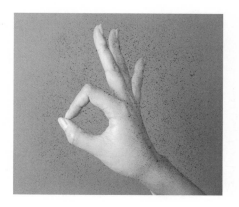

1. 가격, 주가 따위가 오르다

물가, 가격, 주가 등이 비싸지거나 오를 때 사용할 수 있다. 한손 수화와 양손 수화
모두가 가능하다.
양손[ㅇ형]을 동시에 위로 반원을 그리며 올린다.

2. 구멍이 나다

양말이나 옷에 구멍이 난 것을 말할 때 사용할 수 있다.

오른손[ㅇ형] 1, 2지를 입 앞에 위치하고 1, 2지 사이에 입김을 '후' 분다.

3. 기술이 없다 ✋

이 수화는 〈기술이 탁월하다〉와 반대 수동을 통해 의미도 반대를 나타낸다. 이는 수화의 독특한 단어형성방법이다. 즉 〈기술이 없다〉수화에서 손목을 위로 돌리지 않고 아래로 터는 동작을 통해 '기술이 없다' 는 것을 나타낸다. 예를 들어 솜씨가 좋지 않다, 언변이 좋지 못하다 등에서 사용할 수 있다.

오른손[ㅇ형] 1, 2지를 이마에 댔다가 손목을 아래로 돌리면서 1, 2 지를 푼다.

4. 기술이 탁월하다, 재주가 비상하다, 솜씨가 좋다 ✋

솜씨나 실력이 뛰어나다는 의미로 사용할 수 있다. 물론 〈기술〉 + 〈잘하다〉라고 표현할 수 있지만 농인들만의 독특하고 경제적인 표현으로 〈기술이 탁월하다〉는 뜻을 갖고 있는 하나의 수화로 표현한다.

오른손[ㅇ형]을 몸 앞에 위치했다가 손목을 위로 돌리며 1, 2지를 푼다.

5. 다 털리다, 날리다 🖐🖐

돈이 남은 것 하나도 없이 다 털려 버렸을 때 사용할 수 있다.

〈돈〉 + 양손[지정형] 손끝을 배에 댄 후 동시에 옆으로 벌린다.

다른 표현 : 🖐🖐 ① 〈돈〉 + 〈날아가다〉(양손[5 형] 손끝이 앞을 향하게 하여 위아래로 약간씩 움직이며 앞으로 이동한다)

🖐 ② 〈돈〉 + 왼손[C형] 안에 오른손[ㅑ형] 2, 3지를 넣고 2~3회 돌린 후 위로 뺀다.

▶ 〈돈〉 : 오른손[ㅇ형]을 제시한다.

6. 돈만 아는 사람, 돈벌이에 혈안이 되다 🖐

돈에 혈안, 집착하는 사람을 두고 사용할 수 있다.

〈돈〉 + 양손바닥[ㅑ형]이 눈을 향하게 하여 동시에 원을 그리며 돌린다.

다른 표현 : 🖐 〈돈〉 + 양손[집게형]을 눈 앞에서 지폐(□)모양을 그린다.

 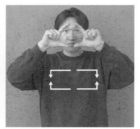

7. 돈이 많다, 부자 🖐

돈이 많아 '배가 볼록 나온' 부자를 의미하며 다른 표현으로는 〈돈〉 + 〈힘〉이 있다.

양손[ㅇ형]을 양 어깨에서 반원을 그리며 배 쪽으로 이동한다.

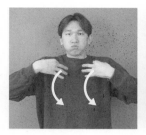 

8. 먹보 ✋

밥을 많이 먹는 사람을 의미하는 것으로 동물 중에 돼지의 먹성 좋은 이미지를 가져온 것이다.

▶ 〈돼지〉 : 오른손[ㅇ형]을 코 앞에서 원으로 돌린다.

9. 못 봤어 ✋

"아직 보지 못했다"는 의미이다.
오른손[ㅇ형]을 눈 밑에 댔다가 아래로 내리며 손가락을 푼다.

10. 무료

〈돈〉수화 후 곧바로 손가락을 풀면서 '돈이 없다', 즉 공짜를 의미한다.
〈돈〉 + 오른손[ㅇ형]을 풀며 약간 흔든다.

다른 표현 : 한자 공(空)을 상징화한 것으로 한손 수화와 양손 수화 모두 가능하다.
오른손바닥[바른손형]을 이마 중앙에 댔다가 뗀다.

 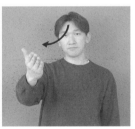

11. 벼락부자가 됐다

〈돈〉 + 양손[O형]을 얼굴 양 옆에서 2, 3지를 동시에 펴면서 내린다.

12. 보았다

'보았다'의 의미로 예를 들어 '요즘 유행하는 영화를 보았다' 등에서 사용할 수
있다.

오른손[ㅇ형]을 오른쪽 눈 밑에 댄 후 왼손바닥[바른손형] 위에 올려놓으며 손가락을 푼다.

13. 보지 말라 🖐

보지 말라는 '금지' 의 표현이다.
〈보다〉 + 〈그만두다〉

▶ 〈보다〉 : 오른손[ㅇ형] 1,2지를 오른쪽 눈 밑에 댄다.
▶ 〈그만두다〉 : 오른손[바른손형]을 몸 앞에서 아래로 내린다.

14. 보지 않다 🖐

이는 보지 않겠다는 '거부, 사양' 의 의미이다.
〈보다〉 + 오른손[5형]을 상대를 향해 흔든다.

15. 보지 않았다, 안 보았다, 본 적이 없다 🖐️

본 적이 없다는 의미로 '요즘 유행하는 영화를 본 적이 없다, 아직 보지 못했다'
에서 사용할 수 있다.

〈보다〉 + 오른손[ㅇ형] 1, 2지 끝을 오른쪽 눈 밑에 댔다가 아래로 내리면서 푼다.

16. 불가능하다 🖐️

불가능하다는 의미로 '너는 못한다, 아무리 해도 못할 것이다'에서 사용할 수 있다.

오른손[ㅇ형]을 입 앞에 대고 입김을 불면서 손가락을 푼다.

17. 불성실하다, 무성의, 성의 없다 🖐️🖐️

어떤 일에 성의가 없거나 불성실함을 두고 사용할 수 있다.

오른손[ㅇ형] 1, 2지를 왼팔 등에 대고 손목 쪽으로 스치듯이 나가며 1, 2지를 푼다.

18. 수다, 말이 많다

"말이 많은 게 병이다, 말이 많다" 라는 의미로 다음과 같이 다양하게 할 수 있다.

왼손[1 또는 ㅏ 형]에 오른손[ㅇ 형] 1, 2지 부분을 대고 왼손 손끝까지 앞으로 나간다.

다른 표현 : 　① ⟨수다⟩ + ⟨견디지 못하겠다⟩

▶ ⟨견디지 못하겠다⟩ : 양손[60 형] 1지 끝을 양 관자놀이에 위치한 후 강하게 아래로 내리면서 뗀다.

② 〈수다〉 + 〈세다〉

③ 〈수다〉 + 〈항복〉

④ ⟨수다⟩ + ⟨졌다⟩

⑤ ⟨수다⟩ + ⟨끝⟩

🖐🖐 ⑥ 〈수다〉 + 〈병〉

19. 순식간에 🖐🖐

짧은 시간을 의미한다. 예를 들어 '순식간에 시험문제를 풀었다' 고 할 때 〈문제〉
+ 〈풀다〉 + 〈순간〉 으로, '시간가는 줄 몰랐다' 는 〈시간〉 + 〈순간〉 혹은 〈시간〉
+ 〈벌써〉로 표현할 수 있다.

▶ 〈순간〉 : 양손[ㅇ형]을 몸 앞에서 간격을 두고 위치했다가 가운데로 이동하며 1, 2지를 푼다.

다른 표현 : 🖐 ① 오른손[O 형]을 얼굴 앞에서 펴면서 손가락을 흔든다.

🖐 ② 〈벌써〉(왼손[주먹형] 위에 오른손[주먹형] 2지를 펴서 올려놓고 약간 흔든다.

20. 신난다 🖐

흥이 나거나 기분이 좋음을 의미할 때 사용할 수 있다.
오른손[ㅇ형]을 코 앞에 위치한 후 1, 2지를 붙였다 뗐다 하면서 왼쪽에서 오른쪽으로 이동한다.

21. 아! 생각 났어 🖐

어떤 생각이나 말 등이 갑자기 생각날 때 사용할 수 있다.
오른손[ㅇ형] 1, 2지를 머리에 대고 머리와 함께 뒤로 젖힌다.

22. 어느 누구도 편들지 않는다

양손[ㅇ형]1, 2로 고리를 끼운 후 푼다.

23. 정성을 들여 만들다

〈정성〉(양손[ㅇ형]을 양턱 밑에 댔다가 얼굴 쪽으로 올린다) + 양손바닥[바른손형]을 맞댄 후 위아래로 위치를 바꾸며 천천히 비빈다.

24. 참 흥미로운 이야기군

입담 좋은 사람의 이야기에 폭 빠져서 듣는 경우나 어느 상점에서 좋은 물건 등을 보았을 때처럼 '감탄'의 의미를 표현할 때 사용할 수 있다.

오른손[ㅇ형] 1, 2지로 코를 잡듯이 하여 재빨리 손목을 오른쪽으로 제끼며 1, 2지를 붙인다.

25. 통 말을 안 듣는다, 아무리 설득해도 요지부동이다, 귀담아 들으려 하지 않는다 ✋

다른 사람의 말이나 충고를 귀담아 듣지 않는 사람을 두고 사용할 수 있다.

오른손[ㅇ형] 1, 2지를 머리 오른쪽에 대면서 푼다.

다른 표현 : 귀에 소리가 들어가지 않고 밖으로 나가는 것을 표현한 것으로 다른 사람의 말은 들으려하지도 않고 자기 고집대로 행동하는 사람이나 그러한 상황에서 사용할 수 있다.

✋✋ 왼손바닥[바른손형]에 오른손[구부린 1형] 2지로 선을 긋듯이 나가게 한다.

[바른손형]

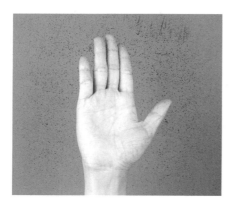

1. 가능하다, 할 수 있다 🖐

이 수화는 '손바닥에 침을 뱉는다' 는 것으로 이것은 우리 문화에서 '할 수 있다'
를 나타낸 것이다.
오른손바닥[바른손형]을 입 앞에 댔다가 앞으로 뗀다.

2. 거들떠보지 않다 🖐

'아는 체도 하지 않다, 무관심하다' 라는 의미로 사용한다.

〈외면하다〉(오른손바닥[바른손형]으로 왼팔을 쓸어내린다)

다른 표현 : 〈양손 ① 양손[ㅇ형]을 고리로 끼운 후 푼다.

〈양손 ② 오른손[바른손형]으로 얼굴을 훑으며 손을 접는다/고개 돌린다.

〈양손 ③ 오른손[2형]을 몸 앞에서 오른쪽에서 왼쪽으로 가위로 자르듯이 움직인다.

3. 깨끗이 비우다, 바닥이 나다 🖐🖐

어떤 것이 바닥난 것을 표현한 것으로 밥을 남김없이 다 먹었을 때, 쌀독의 쌀이 바닥났을 때, 극장표가 매진됐을 때 등에서 사용할 수 있다.

왼손바닥[바른손형] 위에 오른손바닥[바른손형]을 올려놓은 후 앞으로 쓸어내는 동작을 한다.

4. 도매금으로, 몽땅 🖐🖐

하나가 잘못되어도 다른 것까지 모두 포함하는 것으로 예를 들어 동생이 잘못을 했을 경우 엄마는 동생뿐만 아니라 누나까지도 벌을 준다.

오른손바닥[바른손형]을 입 앞에 댔다가 양손으로 박수를 1번 친다.

5. 도와주지 않겠다 🖐🖐

상대를 '도와주지 않겠다' 라는 표현이다. 〈돕다〉 + 〈외면하다〉

▶ 〈돕다〉 : 왼손[ㅎ형] 손등을 오른손바닥[바른손형]으로 2번 두드린다.

▶ 〈외면하다〉 : 오른손바닥[바른손형]으로 왼팔을 쓸어내린다.

▶ 〈없다〉 : 왼손[ㅇ형] 아래에 오른손[ㅑ형]을 위치하여 동시에 앞으로 제시한다.

다른 표현 : 🤟🖐 ① 〈돕다〉 + 〈없다〉

🖐🖐 ② 〈돕다〉 + 〈필요 없다〉

6. 막히다, 잘 안 된다

어떤 일이나 의도가 받아들여지지 않는 것으로 예를 들어 어떤 사람이 여러 회사에 지원했으나 다 불합격됐다고 할 때 사용할 수 있다.

몸 앞에 가로로 세운 왼손바닥[바른손형]에 오른손[바른손형] 손끝을 직각으로 하여 댔다가 몸쪽으로 젖히며 뗀다.

7. 먹어서는 안 된다

'오른손[집게형] 1, 2지로 오른쪽 볼을 집는다' 수화는 보통 '능력이 없어서 하지 못함'의 의미로 사용하지만 어떤 경우에는 '안된다, 안돼' 등과 같이 단호한 금지의 의미를 나타낼 때도 사용한다. 예를 들어 아이가 밤이 늦었는데도 계속 밖에서 놀고 싶다고 엄마에게 조를 때 엄마는 단호하게 '이젠 너무 늦어서 안돼. 다음에 더 놀자'라고 말할 수 있다. 즉 어떤 일을 잘 못한다가 아니라 '할 수 없다'는 의미인 것이다. 여기에서도 이 수화는 '먹어서는 안된다'는 금지의 의미이다.

〈먹다〉 + 오른손[집게형] 1, 2지로 오른쪽 볼을 집는다.

▶ 〈먹다〉: 오른손바닥[바른손형]을 입에 갖다 댄다.

8. 먹은 적이 없다

〈~한 적이 없다, 경험이 없다〉수화는 겪어보지 않음을 의미하는 것으로 '먹은 적이 없음'을 의미한다. 혹은 상황에 따라 '자신은 절대 먹지 않았다'라는 부인의 의미로도 표현된다. 이때는 얼굴표정이 동반된다.

〈먹다〉 + 〈~한 적이 없다, 경험이 없다〉

▶ 〈~한 적이 없다, 경험이 없다〉 : 오른손[5형] 2지를 목 중앙에 댔다가 떼면서 아래로 힘껏 내린다.

9. 먹음직하다 🖐

먹고 싶을 정도로 먹음직한 것을 표현한 것이다.

〈먹다〉 + 〈원하다〉(오른손[언덕형] 손끝으로 목을 긁는다)

10. 먹지 말라 🖐

〈그만두다〉수화는 '단칼로 잘라 버린다'는 뜻이다. 원래의 수형은 왼손바닥[바른손형] 위에 오른손[바른손형]을 세워서 내리치는 것이지만 상대가 있는 대화 상황에서는 중요한 의미를 담고 있는 한 손만으로도 그 의미를 전달할 수 있다.

〈먹다〉 + 〈그만두다〉

11. 먹지 않았다 ✋

이 수화는 "아직 식전이다, 먹지 않았다"라는 의미이다.

⟨먹다⟩ + ⟨아직⟩

▶ ⟨아직⟩ : 오른손[5형]을 몸 앞에서 위아래로 털듯이 움직인다.

12. 복잡한 것을 모두 잊고 싶다 ✋✋

복잡한 것을 다 잊고 싶은 것으로 예를 들어 안 좋은 기억, 슬픈 일들을 다 잊고 싶다라는 의미에서 사용할 수 있다.

양손[바른손형]을 머리 양 옆에 위치했다가 동시에 뒤로 넘기며 손을 접는다.

다른 표현 : 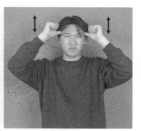 ① 〈복잡하다〉 + 양손[2형]을 머리 양옆에서 이마를 향해 이동하며 〈자르다〉 수화를 한다.

② 〈복잡하다〉 + 양손[우두머리형] 1지를 양 관자놀이에 대고 동시에 위아래로 비빈다.

▶ 〈복잡하다〉 : 양손[지정형]을 머리 양옆에 대고 앞뒤로 엇갈리게 움직인다.

13. 비위를 맞추다

남에게 잘 보이려고 아부, 아첨한다는 의미이다.
왼손[우두머리형] 등에 오른손바닥[바른손형]을 대고 위아래로 비빈다.

다른 표현 : 위 수화에서 왼손[우두머리형]을 빼고 직접 오른손[바른손형]을 코에 댄 것이다.

🖐 오른손바닥[바른손형]을 코에 대고 위아래로 비빈다.

14. 상대도 안 된다 🖐

자신보다 한 수 아래인 상대를 향해 '무시'의 의미를 표현한 것이다.

오른손바닥[바른손형]을 아래로 향하게 하여 가상의 상대를 향해 내리친다.

15. 소심하다, 담대하지 못하다, 속이 좁다 ✋

마음이 너그럽지 못하고 좁은 사람이나 옹졸한 행동을 의미한다.

오른손[바른손형]을 배꼽 위치에 댄 후 1, 2지를 동그랗게 접는다.

다른 표현 : ✋✋ 양손[C형] 5지 부분을 배에 댄 후 가운데로 이동한다.

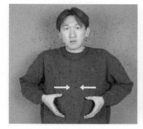 

16. 솔직히 말하다 ✋

숨김없이 다 털어놓고 말한다는 의미이다.

〈깨끗하다〉(오른손바닥[바른손형]을 얼굴 위에서 아래로 내린다) + 〈주다〉

다른 표현 : 🖐🖐 〈솔직하다〉(양손[부리형] 1, 2를 상하로 맞붙여 배에 댔다가 오른손을 위로 올린다) + 〈맹세〉(오른손[ㅈ형]을 앞으로 제시한다)

▶ 〈주다〉 : 오른손바닥[바른손형]이 위를 향하도록 하여 앞으로 내민다.

17. 실력이 늘었다, 전보다 실력이 낫다 🖐

어떤 사람이 전과 비교했을 때 실력면에서 급성장했다는 의미이다. 이 수화를 반복하여 위로 움직이면 '점점 더 발전하다' 라는 의미를 나타낸다.
오른손바닥[바른손형]이 위를 향하게 약간 흔들면서 위로 올린다.

18. 안 먹다 🖐

먹지 않겠다 혹은 먹기 싫다는 '거부, 사양' 의 의미이다.
〈먹다〉 + 오른손[5 형]을 상대를 향해 흔든다.

19. 점점 이해가 되다 ✋✋

어떠한 사실이나 상황에 대해서 점점 이해해 가는 것을 말한다. 예를 들어 "책을 매일 읽다 보니 점점 이해가 되었다" 문장은 〈매일〉 + 〈읽다〉 + 〈점점 이해가 되다〉로 표현 할 수 있다.

양손[바른손형]을 얼굴 앞에서 겹친 후 얼굴로 점점 다가가면서 모든 손가락의 간격을 벌린다 / 눈을 크게 뜬다.

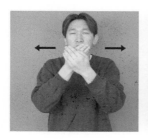

20. 점차 흥미를 잃다, 시시해지다, 싫증나다, 타성에 젖다 ✋

어떤 일이 시시해지거나 싫증날 때 혹은 타성에 젖을 때 사용할 수 있다. 즉 처음에는 낯설고 익숙하지 않은 일도 시간과 경험을 통해 숙달되어서 나중에는 타성에 젖는 것을 말한다.

오른손바닥[바른손형]을 가슴에 댔다가 가슴을 쓸듯이 위로 올린다.

다른 표현 : ✋✋ 〈중독〉 + 왼손[부피형]에 오른손[바른손형]을 넣고 아래로 천천히 내린다.

▶ 〈중독〉 : 오른손[Y 형] 1지를 입 오른쪽에 댄다.

21. 중간에서 포기하다 🖐🖐

어떤 일이 중간에 무산된 것을 의미한다. 예를 들어 택시를 잡는데 다른 사람이 자신이 타려는 택시를 탔을 때처럼 무언가를 놓친 상황에서 사용한다.
왼손[바른손형]을 몸 앞에서 가로로 놓고 오른손[바른손형]을 세로로 왼손바닥에 닿도록 했다가 아래로 내린다.

22. 지각하기를 밥 먹듯이 하다 🖐🖐

일반적으로 박사는 '널리 아는 것이 많거나 어느 부분에 능통한 사람'을 의미하는데 여기에서는 '지각박사', 즉 습관적으로 지각이 잦아 누구도 말릴 수 없음을 의미한다.
〈지각〉(오른손[바른손형]을 세워서 왼손[바른손형] 등을 가로지른다) + 〈박사〉(〈생각〉 + 왼손[부피형] 1, 2지 사이에 오른손[바른손형]을 댄다)

078

23. 지루하다 🖐

이 수화는 하품을 상징화함으로써 지루함을 나타낸다. '지루하다'라는 일차적인 의미로 사용하는 것이 보편적이지만 다음의 상황에선 '더 이상 못 하겠다'라는 관용적인 표현으로 사용된다. 예를 들어 식사시 적당량을 먹은 후 더 이상 먹고 싶지 않은 상태가 되었을 때 혼잣말처럼 표현하기도 하고, 상대방이 음식을 더 권할 때 거절의 의미로도 사용한다.

오른손바닥[바른손형]을 코에 댔다가 아래로 내리며 손을 접는다.

[5 형]

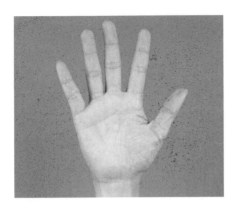

1. 괴상하다, 괴팍하다, 못 말리다 🖐️🖐️

보통은 어떤 사람의 성격을 말할 때, '괴팍하다' 라는 의미로 많이 사용하고 날씨가 이상하거나 옷차림이 이상할 때도 사용한다. 예를 들어 봄철에 눈이 내릴 경우 〈날씨〉 + 〈괴팍하다〉로 표현하면 "날씨가 이상하다" 라는 의미를 표현하는 것이다.

오른손[5 형] 1지를 왼손바닥[5 형]에 대고 손바닥을 스치며 아래로 긋는다.

2. 그래 네 말이 맞다, 지당한 말이다, 당연하다

상대방의 말이나 의견에 동의, 동감을 나타내는 표현법이다.

〈말〉+ 오른손[5 형] 3지를 입술에 댔다가 손목을 돌리며 1, 3지를 붙인다.

다른 표현 : ① 〈말〉+ 오른손[5 형] 1, 2, 3지를 붙여준다.

② 〈말〉+ 〈100〉(오른손[1 또는 ㅏ 형] 2지를 오른쪽 눈 옆에 갔다 댄다)

3. 난들 어떻게 할 도리가 없다, 방법이 없다

제스처로도 많이 사용되는 수화이다. 어떤 상황에서 별다른 해결방법이 없을 때
사용할 수 있다.

양손바닥[5 형]을 위로 향하게 펴고 어깨를 으쓱한다.

4. 내가 이긴 거야, 내가 최고야 ✋

시합이나 오락 등에서 상대를 이기고 의기양양해 하며 할 수 있는 표현이다.

〈나〉 + 〈최고〉(오른손[우두머리형]을 위로 올린다)

다른 표현 : ✋ 〈나〉 + 〈1등〉

▶ 〈나〉 : 오른손바닥[5형]을 가슴에 댄다.

5. 다른 사람이나 그 사람이 하는 일을 무시하다 ✋

오른손[5형] 1지를 코 옆에 대고 '흥' 한다.

다른 표현 : 🖐🖐 ① 오른손[부피형]으로 코를 푸는 동작을 한 후 왼손[우두머리 형]을 향하여 뿌린다.

② '푸' 하고 입으로 바람을 분다.

6. 더 이상 설명하지 않아도 알겠다 🖐

다소 구체적인 표현으로 '바보가 없다, 바보가 아니다'는 다 알겠으니 더 이상 설명하지 말라는 의미이다. 즉 자신이 이미 알고 있는 것을 상대가 되풀이하여 굳이 설명하려 할 때 사용할 수 있다. 여기에서 〈없다〉수화는 '영점(0점)'을 형상화한 것이다.

〈바보〉 + 〈없다〉(오른손[ㅑ형] 1, 2지를 턱에 가로로 댄다)

다른 표현 : 🖐 〈바보〉 + 〈아니다〉(오른손[L 형]을 몸 앞에서 오른쪽으로 젖힌다)

▶ 〈바보〉 : 오른손[5형] 1지를 코에 대고 2~5지는 흔든다.

7. 못 당하겠다, 항복 🖐🖐

계란으로 바위치기처럼 막강한 상대를 만나 도저히 적수가 안 될 때이다.
양손[5형]을 귀 옆까지 들어 손바닥이 밖을 향하게 한다.

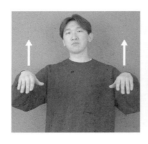

다른 표현 :  〈이기다〉(양손[우두머리형]을 나란히 붙여 세웠다가 오른손을 앞으로 내민다) + 〈불가능하다〉

▶ 〈불가능하다〉 : 오른손[ㅇ형] 1, 2지를 입 앞에 대고 입김을 불면서 손가락을 푼다.

8. 무감각하다

특별한 것이 없이 무감각한 것을 의미하는 것으로 예를 들어 운동선수가 근육이 단단해서 꼬집어도 감각이 없어 아무렇지도 않다고 할 경우 혹은 음식맛이 맛있지도 않고 맛없지도 않아서 별다른 느낌이 없다고 할 때 사용할 수 있다.
오른손[5형] 3지를 코에 댔다가 뗐다를 2차례한다.

9. 뭐가 뭔지 모르겠다

책을 얼굴에 바짝 대고 읽어도 무슨 뜻인지 모르겠다는 데서 나온 수화이다. 즉 '잘 모르겠다, 전혀 모르겠다' 등의 의미이다. 다른 표현으로는 손동작없이 고개를 흔들면서 입은 "푸하"를 할 수 있다.

오른손[5형] 3지를 코에 대고 손목을 좌우로 살짝 흔든다.

10. 미리 다 알고 있으니까 속이지마

자신을 속이려는 상대에게 '내가 바보냐?' 라고 직접적으로 물음으로써 자신은 이미 다 알고 있으니 속일 수 없다는 것을 표현한 것이다.

〈나〉 + 〈바보〉 / 묻는 표정으로 얼굴을 숙이고 눈을 치켜 뜬다.

다른 표현 :  〈바보〉 + 〈없다〉

11. 바람을 피우다, 바람둥이 🖐

바람을 피우는 사람이나 그러한 상황을 두고 사용할 수 있다.

오른손바닥[5 형]을 왼쪽 어깨 부근에 대고 2차례 손목을 돌리며 쓸어 올린다.

12. 배고파 죽겠다 🖐

배가 고파서 '살가죽이 들러붙은 것'을 형상화한 것이다.

오른손바닥[5 형]을 배에 댔다가 1, 3지를 서로 붙이며 배에서 떨어졌다가 1, 3지를 배를 향해 튕긴다.

13. 비위가 상하다, 비위에 맞지 않다 🖐🖐

인간관계에서 감정적인 면에서 사용할 수 있다. 즉 감정적으로 어긋나 껄끄러운 관계를 표현한 것이다.

〈기분〉(오른손바닥[5 형]을 가슴에 댄 상태에서 작게 움직인다) + 〈갈등, 어색〉

14. 빠짐없이, 빈틈없이 🖐

하나도 빼지 않고 모두를 말할 때 사용할 수 있다. 예를 들어 '모임에 빠짐없이 참석하다, 준비물을 빠짐없이 챙기다' 등의 표현이다.

오른손[5형] 3지를 입에 댄 후 3지를 접으며 아래로 내린다 + 〈없다〉

다른 표현 : 🖐🖐 오른손[60형]을 코를 감싸듯이 잡는다 / 볼을 부풀린다 + 〈완전하다〉 (양손[언덕형] 손가락 부분이 닿도록 포갠다)

15. 알면서도, 일부러 🖐

알면서도 모르는 척 뻔뻔한 것을 의미한다.

〈알다〉 + 〈뻔뻔하다〉(오른손[주먹형]을 코에 대고 좌우로 흔든다)

16. 잘하는구나, 대단하구나 🖐

이 수화는 뜨거운 것을 멋모르고 만졌을 때 손을 떼며 위아래로 흔드는 모습을 나타낸 것이다. 따라서 감당할 수 없는 대상이나 사건을 대했을 때 "놀람 혹은 감탄"의 의미로 쓰인다.

오른손[5 형]을 몸 앞에서 위아래로 천천히 턴다 / 감탄의 표정.

17. 잘하다, 100점, 만점 🖐

이 수화들은 '정말 잘하다' 를 의미한다. 수화에서 숫자 100은 최고 점수인 만점을 의미하므로 '잘하다' 를 표현할 때 사용할 수 있다.

〈눈〉 + 〈100점〉수화는 '정확하게 잘 보았다' 라는 의미가 된다. 예를 들어 친구와 함께 있는데 멀리서 어떤 사람이 걸어왔다. 너무 멀리 있어서 누구인지 잘 알 수 없었는데 친구는 그 사람이 누구인지 잘 알아볼 때 '눈 좋다, 잘 알아보네' 라는 의미로 사용할 수 있다.

오른손[5 형] 1, 2, 3지를 붙인다.

정말 맛이 최고다, 정말 맛있다 〈맛〉 + 〈100점〉
기억력이 좋다 〈기억하다〉 + 〈100점〉

다른 표현 : 🖐 ① 〈잘하다〉 : 오른손[C 형]을 사선으로 위에서 아래로 내리며 힘
있게 주먹을 쥔다.

🖐 ② 〈100점〉 : 오른손[1 또는 ㅏ 형] 2지를 오른쪽 눈 옆에 댄다.

18. 장난꾸러기 🖐🖐

장난이 심한 사람을 두고 사용할 수 있다.
〈장난〉 + 오른손[우두머리형]을 앞으로 제시한다.

다른 표현 : ✋✋ 〈장난〉 + 〈대장〉

▶ 〈장난〉 : 양손[5형]을 손목 부위에 교차하여 양손의 손가락을 움직이며 앞뒤로 움직인다.

▶ 〈대장〉 : 왼손[바른손형] 3지에 오른손 1, 2지로 반지를 끼듯이 하고 왼손등 위에 오른손[우두머리형]을 올려놓는다.

19. ~한 적이 없다, 경험이 없다 ✋

어떤 일을 경험해보지 못했거나 어떤 행위나 사실에 대해 추궁하는 상황에서 부인하려 할 때 사용할 수 있다. 예를 들어 '나는 프랑스에 가 본 적이 없다, 내가 지갑을 훔치지 않았다' 등이다.

오른손[5형] 2지를 목 중앙에 댔다가 떼면서 아래로 힘껏 내린다.

[ㅇ형]

1. 고수

실력이 탁월하게 높은 사람을 두고 하는 말로써 보통 어떠한 부분에서 남보다 뛰
어남을 표현할 때 사용할 수 있다. 예를 들어 컴퓨터나 일을 뛰어나게 잘할 때 사
용한다.

오른손[ㅇ형] 손끝을 이마 앞에서 작은 원을 그리듯이 돌린 후 모았던 손가락을 머
리 위로 [지정형]으로 편다.

2. 기절초풍하겠다 🖐🖐

매우 놀라운 사실에 반응하는 것으로 눈이 돌 정도로 놀랐으며 급기야 '땅바닥에 쓰러지는 것'을 형상화한 것이다. 예를 들어 국회의원의 엄청난 규모의 뇌물수수에 대한 뉴스를 접했거나 상점에 물건을 구입하기 위해 간 사람이 자신이 예상했던 가격보다 훨씬 비싼 가격에 놀라움을 표현할 때 사용할 수 있다.

오른손[O형]을 눈앞에서 한바퀴 돌린 후 왼손바닥[바른손형] 위에 오른손[우두머리형] 1지를 강하게 내려놓는다.

3. 너무 많다 🖐

'굉장히 많다'라는 것을 강조하는 표현으로 예를 들어 2002년 한일 월드컵축구 때 응원하기 위해 시청 앞 광장으로 몰려든 붉은 악마들을 보고 엄청난 사람들이 모였다고 표현할 때 사용할 수 있다.

오른손[O형]을 얼굴 앞에서 원을 그리며 돌린다.

4. 눈을 부릅뜨다 🖐🖐

작던 눈이 갑자기 커질 때 사용할 수 있다.

양손[O형]을 눈 앞에 위치했다가 양손을 동시에 상하로 벌린다.

5. 맵다

맵다는 의미이며 '매워서 못 먹겠다' 는 〈맵다〉 + 〈불가능하다〉 혹은 〈맵다〉 +
〈항복하다〉로 표현할 수 있다.
오른손[O 형] 손끝을 입 앞에서 앞으로 나가며 손가락을 편다.

다른 표현 : 오른손[바른손형]을 입 앞에 세운 후 좌우로 2~3회 움직인다.

▶ 〈항복하다〉: 오른손[O형]을 몸 앞에서 손끝을 벌리며 위로 올린다.

6. 좋다 말았다, 좋은 기회를 놓쳐다

좋아서 한껏 높아진 코가 벽에 부딪히듯이 어떠한 기회를 놓친 것으로, 가령 한참
인기리에 상영되고 있는 영화를 보려고 오랜 시간 줄을 서서 기다렸는데 자신의

바로 앞에서 표가 매진됐을 때, 즉 코앞에서 좋은 기회가 사라질 경우이다.
오른손[O 형] 손끝을 코에 댔다가 동시에 모든 손가락을 펴서 손바닥을 코에 댄다.

7. 몇 시간 동안 🖐🖐

몇 시간 동안의 시간 흐름을 의미한다.
왼손 손목 위에 오른손[O 형] 등을 대고 원으로 돌리며 손가락을 움직인다.

8. 못 본 척하다, 건성으로 보다 🖐

대충 대충 건성으로 보는 것을 의미한다.
오른손[O 형]을 오른쪽 눈 앞에 위치한 후 손목 전체를 돌린다.

9. 상투적이다, 새로운 적이 없다, 진부하다 🖐🖐

새롭지 못하고 변함이 없으며 진부한 경우를 두고 사용할 수 있다.

양손[O형] 손끝을 상하로 맞붙여서 2~3회 붙였다 뗐다를 하며 위아래로 움직인다.

10. 악취, 기억력이 좋다 🖐

생선의 비린내, 지독한 냄새처럼 악취를 의미하지만 혹은 기억하고 있는 것을 절대 잊지 않음을 표현할 때도 사용된다. 예를 들어 오랜만에 만난 친구가 상대 친구의 어린 시절의 나쁜 모습, 좋은 모습을 다 기억하고 있을 때 '거 참 별걸 다 기억하고 있네, 기억력이 좋네' 정도의 의미로 사용될 수 있다.

오른손[O형] 손끝을 코 밑에 댄 후 2, 3지를 펴면서 앞으로 내민다.

11. 이등 🖐

자신이 1등이고 상대가 2등임을 나타내는 것이다.

오른손[O형] 손끝을 앞을 향하게 위치한 후 앞으로 내밀면서 2, 3지를 내민다.

12. 일이 겹치다, 중복되다, 두 가지 일이 동시에 일어나다 🖐🖐

어떠한 일이 동시에 일어날 때 사용할 수 있다. 예를 들어 '내일 약속이 두 개가 겹쳤는데 어디를 갈지 걱정이다' 에서처럼 중복된 경우에 사용할 수 있다.

양손[O 형] 손끝을 턱밑에 댔다가 동시에 아래로 내리면서 손가락을 푼다.

13. 절대로 ~하지 않겠다, 두 번 다시 실수를 되풀이하지 않겠다 🖐🖐

정신을 차리고 다시는 그러한 상황을 만들지 않겠다는 스스로의 다짐의 표현이다. 예를 들어 어떠한 사람이 실수를 했을 경우 '다음에 같은 실수를 거듭하지 않겠다' 라는 상황에서 쓰일 수 있다.

양손[O 형]을 코앞에서 포갠 후 양손을 동시에 양쪽으로 이동하면서 2, 3지를 편다.

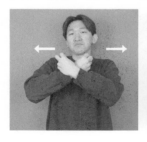

14. 최고급

최고급 레스토랑, 최고급 호텔 등 최고급을 말할 때 사용한다.
양손[O형]을 어깨 위에서 2, 3지를 펴면서 양손을 흔들며 내린다.

15. 큰소리치다, 만용을 부리다

〈교만〉수화로 시작하는데 이는 교만하여 한껏 콧대를 세운 것을 표현한 것이다.
오른손[O형] 손끝을 코에 댔다가 손바닥을 펴서 가슴에 댄다.

16. 탕진하다

돈을 흥청망청 다 써버렸을 때 사용할 수 있다.
양손[O형]을 입 앞에 위치했다가 손가락을 모두 펴면서 양쪽 귀 쪽에서 정지한다.

17. 황당무계하다, 뚱딴지같다 ✋

상황에 맞지 않게 말하거나 행동하는 것을 두고 사용할 수 있다. 예를 들어 두 사람이 대화를 하는데 한 사람이 대화의 주제와는 상관없는 엉뚱한 대답을 할 경우, 모든 사람이 틀리다고 생각하는 것을 혼자만 맞다고 고집을 피우며 우길 경우 등이다.

오른손[O형] 손끝을 머리 오른쪽에 대고 좌우로 돌린다.

다른 표현 : ✋✋ 〈머리〉 + 양손[O형] 손끝을 붙인 상태에서 양손을 좌우로 반대로 움직인다.

[주먹형]

1. 간섭하지 않고 가만히 있다, 잠자코, 수수방관

다른 사람의 일에 관여하고 싶지 않거나 신경 쓰기 싫을 때 사용할 수 있다.

양손[주먹형]을 X로 교차하여 가슴에 댄다.

다른 표현 : 🖐🖐 양손[부피형]을 배 앞에서 양쪽 옆구리 쪽으로 동시에 이동한다.

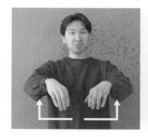 

2. 너무 웃긴다 🖐🖐

이 수화는 너무 우스워서 주먹으로 배를 두드리고 움켜잡는 것을 표현한 것이다.
'너무 우스워서 배꼽이 빠지겠다' 는 〈너무 웃긴다〉 + 〈고장나다〉 혹은 〈너무 웃
긴다〉 + 〈항복하다〉등으로 표현할 수 있다.
오른손[주먹형]으로 오른쪽 옆구리를 2차례 친다 + 양손[지정형] 손끝을 배에 대고
동시에 위아래로 긁듯이 움직인다.

▶ 〈고장나다〉 : 양손[주먹형] 1, 2지 부분을 맞댄 후 동시에 위로 올리며 양손을 벌린다.

3. 망하다 🖐🖐

무너짐을 표현한 것으로 '부자가 망해서 가난해졌다, 망했다' 등의 의미이다.
양손[주먹형]을 양옆에서 가운데로 모으며 천천히 내린다.

다른 표현 : 이 수화는 집의 가세가 기움을 도상적으로 표현한 것이다.

🤲 양손[바른손형] 손끝을 붙였다가 양손을 비틀며 양 손가락부분을 맞댄다.

도상성, 사상성(iconicity) : 언어의 의미와 표현(형태) 간의 대응관계가 강한 특성을 말한다. 〈망하다〉의 다른 표현에서 〈집〉수화가 쓰러져가는 모습(표현, 형태)은 가세가 기운다(의미)로 둘 사이에 대응관계가 있다. 수화는 대체로 음성언어보다 도상성이 강하다.

4. 모함하다 🤲

남을 어려움에 빠뜨리기 위해 모의하는 것을 두고 사용할 수 있다.

양손[주먹형]을 위아래로 포갠 후 위에 위치한 오른손을 좌우로 2~3회 움직인다.

5. 빨리빨리 🖐

어떤 일을 서두르거나 상대를 재촉할 때 사용할 수 있다.

오른손[주먹형]을 오른쪽 어깨 부분에서 올렸다 내렸다 한다.

다른 표현 : ✋ 오른손[집게형] 1, 2지를 붙였다 뗐다를 반복하며 아래에서 위로 올린다.

6. 사업이 호황이다, 바빠 죽겠다, 인기가 폭발하다 ✋✋

이 수화는 일이 쌓이고 쌓여 결국에 터짐을 형상화한 것으로 어떤 것이 호황을 이루고 잘됨을 의미한다. 예를 들어 "사업이 호황이어서 눈코 뜰 새 없이 바쁘다, 일이 많아서 바쁘다, 학원이나 음식점이 문전성시를 이루다, 연예인의 인기가 폭발하다" 등을 표현할 수 있다.

양손[주먹형] 1, 2지 부분이 맞닿게 한 후 부러뜨리듯이 양손을 위로 벌린다.

7. 상습적으로, 한두 번이 아니다 ✋

어떤 행동이 반복됨을 의미하는 것으로 예를 들어 결석을 밥 먹듯이 한다, 실수투성이다, 도박이 상습적이다, 매번 약속을 어긴다 등에 사용할 수 있다.

오른손[주먹형]을 몸 앞에서 아래로 내리면서 손가락을 2, 3, 4, 5지 순으로 차례로 편다.

8. 소름이 끼치다, 무시무시하다 ✋✋

이 수화는 '닭살'을 형상화한 것이다.

✋✋ 왼쪽 팔위에 오른손[O형] 등을 올려놓은 후 털을 세우듯이 손가락을 펴며 팔꿈치쪽으로 이동한다.

다른 표현 : 무서워서 '머리가 다 선 모양'을 형상화한 것이다.

양손[주먹형] 등을 머리에 대고 양손 2~5지를 쫙 편다.

9. 아이고 골치야! ✋

골칫거리 때문에 머리를 두드리는 것으로, 예를 들어 말 안 듣는 자식을 둔 부모가 자녀에 대한 걱정으로 골치 아파할 때 사용할 수 있다. 다른 표현으로는 〈머리〉 + 〈아프다〉인데 이것은 두통을 의미할 때도 사용하지만 '골치 아프다' 는 의미에서도 사용 가능하다.

오른손[주먹형] 5지 부분을 관자놀이에 대고 아래로 2~3회 친다.

10. 아하 알겠다, 터득했다, 이제 감을 잡았다, 이제 알았다 ✋

몰랐던 것을 알게 되었다는 의미로 예를 들어 미국에 처음 간 한국인이 처음에는 약통 뚜껑 여는 방법을 몰라서 애를 먹다가 결국 여는 방법을 터득했을 때 사용할 수 있다(미국의 약통을 여는 방법은 한국과 다르다. 아이들이 어른의 도움을 받지 않고는 쉽게 열 수 없도록 고안하였다).

오른손[주먹형]을 머리 오른쪽에 강하게 대면서 2지만 편다.

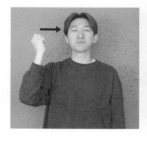 

다른 표현 : ① 번 수화는 자신이 보지 못한 상황에서 일어난 문제에 대해 '전혀 몰랐다' 는 의미를 나타낼 때 사용한다. 예를 들어 오랜만에 만난 친구가 아직 미혼인 줄 알았는데 벌써 결혼한 지 5년이 넘었다는 사실에 놀랐을 경우 '아 정말 몰랐어… 그랬구나' 정도의 의미로 사용할 수 있다.

✋ ① 오른손바닥[5 형]이 얼굴을 향하게 하여 아래로 내린다.

✋ ② 오른손[주먹형]을 얼굴 앞에서 위에서 아래로 사선으로 내린다.

11. 열심히 하다 ✋✋

어떠한 일을 "열심히 한다"는 것이다.

양손[주먹형] 1, 2지 부분을 가슴에 대고 2~3회 두드린다.

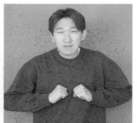

12. 오래 기다리다 ✋✋

'감이 떨어질 때까지 기다린다'는 것으로 오래 기다린다는 것이다.

왼손[C형]으로 오른손[주먹형] 손목을 잡고 주먹을 입에 넣는다.

13. 조마조마하다, 우려하다

닥칠 일에 대해 불안해하고 초조해하는 것을 의미한다.

오른손[주먹형]을 코에 대고 좌우로 작게 움직인다 / 입모양을 '오~'로 한다.

14. 좌절하다, 소진하다

완전히 소진하여 '양 팔을 쭉 뻗은 모습'을 형상화한 것이다.

양손[주먹형]을 가슴 앞에서 약간 벌렸다가 왼팔은 옆으로 펴고 오른팔은 굽혀 위로 올린다 / 고개를 약간 돌리며 축 처진 표정을 한다.

15. 폭소가 터지다

〈웃다〉 수화는 턱의 움직임을 나타낸 것이고, 두 번째 [지정형]으로 구부린 양손의 수형은 많은 사람이 동시에 웃으며 움직이는 모습을 형상화한 것이다.

〈웃다〉(오른손[주먹형] 손가락부분을 턱에 대고 2번 두드린다) + 양손[지정형]을 바닥이 아래로 향하게 하여 위아래로 2~3회 움직인다.

16. 행동이 굼뜨다, 느리다

〈행동〉 수화는 사람이 팔에 힘이 없으면 움직일 수 없듯이 팔 힘을 나타내는 양팔의 움직임에서 형상화한 것이다. 〈늙다〉수화와 결합하여 "느리다, 굼뜨다"의 의미를 나타낸다. 예를 들어 두 사람이 함께 걸어가는데 한 명이 뒤처질 경우 다른 사람이 '걸음이 느리구나' 라고 말할때 사용할 수 있다.

〈행동〉 + 〈늙다〉

다른 표현 : ②번 수화는 나이가 든 사람의 행동이 느리다는 이미지를 통해 '행동이 느림' 을 의미한다.

🖐🖐 ① 〈행동〉 + 〈느리다〉

🖐🖐 ② 〈행동〉 + 〈할아버지〉 or 〈할머니〉

▶ 〈행동〉: 양손[주먹형]을 몸 앞에서 앞뒤로 엇갈려 움직인다.

▶ 〈늙다〉: 오른손[바른손형] 1지 끝을 턱 아래에 댄 상태로 손목을 오른쪽으로 돌린다.

▶ 〈느리다〉: 오른손[바른손형]을 세워서 왼손[바른손형] 등을 가로 지른다.

▶ 〈할아버지〉: 오른손바닥[바른손형]을 이마에 대고 꾸불꾸불 위아래로 움직이며 왼쪽에서 오른쪽
　　　　　　 으로 이동한 후 오른손[우두머리형]을 제시한다.

17. 힘, 세다 ✋

물리적인 힘의 세기뿐만 아니라 어떠한 "상태나 경향이 심함"에 사용할 수 있다.

"기억력이 좋다" 〈기억하다〉 + 〈세다〉

"게으르기 짝이 없다" 〈게으르다〉 + 〈세다〉

"고집불통이다" 〈고집〉 + 〈세다〉 등으로 표현할 수 있다.

오른손[주먹형]을 몸쪽으로 팔을 접으며 힘차게 끌어당긴다.

[지정형]

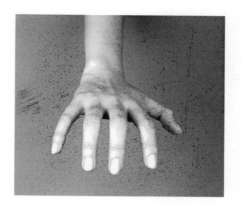

1. 거세다, 맹렬하다, 파악하다 🖐️🖐️

어떤 상태와 정도가 말로 표현할 수 없이 심한 상태를 나타낸다.

① 냄새가 지독하다, 고약하다 〈냄새〉 + 〈거세다〉

② 냄새가 지독해서 못 참겠다 〈냄새〉 + 〈거세다〉 + 〈졌다〉

③ 소리가 정말 크다 〈소리〉 + 〈거세다〉

④ 눈부신 발전이구나 〈발전하다〉 + 〈거세다〉

④번 표현은 옛날에는 볼링 실력이 별로 좋지 않았던 친구를 오랜만에 만나 함께 볼링을 쳤는데 그 친구의 실력이 눈에 띄게 향상되었을 때 혹은 어린 시절 살았던 고향을 떠나왔다가 성장한 후 찾아갔을 때 도시로 변해있는 모습을 보고 그 변화에 놀라며 이 수화를 사용할 수 있다.

오른손[지정형] 등을 왼손 팔목에 대고 팔뚝 쪽으로 빠르게 잡아채듯이 이동한다.

2. 겉과 속이 다르다, 위선적이다 ✋

쓰고 있던 가면을 벗는 것으로 처음에는 자신의 본모습을 감추다가 결국에 자신의
모습을 드러내는 것으로 겉과 속이 다르거나 상황에 따라 달리 행동하는 경우에
사용할 수 있다.

오른손바닥[지정형]을 얼굴을 향해 위치했다가 가면을 벗겨내듯이 밖으로 손을 뒤
집어 내민다.

3. 굳은 결의를 다지는 모습 ✋✋

결의에 차서 '머리에 필승띠를 두르는 모습' 을 그대로 표현한 것이다.

양손[지정형] 손끝을 이마에 대고 끈을 동여매듯이 한다.

4. 꿍꿍이 속, 속셈 🖐️🖐️

자신의 이익을 위해 다른 사람에게 피해를 주는 부정적인 의미로 사용한다.
왼손바닥[바른손형] 아래에 오른손가락[지정형]으로 피아노를 치듯이 손가락을 움직인다.

5. 남을 등쳐 먹다, 착취하다 🖐️🖐️

다른 사람에게 빌붙어 남을 이용할 때 사용할 수 있다.
왼손[우두머리형] 등에 오른손[지정형] 손끝을 대고 긁듯이 위아래로 2번 움직인다.

6. 내버려 둬 🖐️

자신을 방해하지 말고 가만 놔두라고 말할 때 사용할 수 있다.
오른손[지정형] 손끝을 오른쪽 어깨에 놓았다가 밖으로 던지듯이 손목을 젖힌다.

7. 발끈하다, 화나다, 성나다 🖐🖐

화가 남을 표현할 때 사용할 수 있다.

왼손[지정형]을 몸 앞에서 가로로 세우고 오른손[지정형]을 왼손과 몸 사이에 위치했다가 손목을 위로 젖히며 올린다.

다른 표현 : 🖐🖐 양손[1 또는 ㅏ 형] 2지를 머리 옆에 대고 동시에 위로 올린다.

8. 배탈이 나다, 설사 🖐

배탈이 났음을 의미한다.

오른손[지정형] 손끝을 배 오른쪽에 대고 상하로 2~3회 움직인다.

114

9. 익숙해지다, 습관이 되어서 아무렇지도 않다, 적응이 되다 ✋

처음에는 어려웠던 일이 시간이 지나면서 점차 나아져 나중에는 익숙해진 상태를 두고 사용할 수 있다. 예를 들어 미국으로 이민 간 어떤 사람이 처음에는 모든 것이 낯설어 서툴기만 했지만 나중에는 적응이 되어 잘 살아갈 수 있을 때, 어떤 학생이 먼 거리를 통학하다가 처음에는 지루하고 힘들었는데 '이젠 아무렇지도 않다' 라는 의미에서 사용한다.

오른손[지정형] 손끝을 코 앞에 위치한 후 손목을 돌려 손끝이 앞을 향하도록 한다.

[부피형]

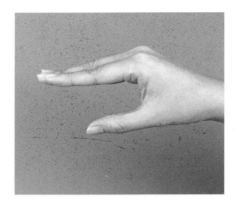

1. 멍청이

멍청한 사람이나 멍청한 행동을 얕잡아 표현하는 것이다.
오른손[부피형] 1지를 머리에 대면서 2~5지를 붙인다.

다른 표현 : 🖐 〈생각〉 + 〈바보〉

2. 목격하다, 보다 🖐

'보다'라는 의미인데 어느 상황에서는 자신의 의지가 포함된 것이다. 예를 들어 어린 아이들의 언어발달에서 어린 아이는 주위 어른의 말을 보고 배운다. 이는 수화의 발달에서도 마찬가지이다. 이 수화를 양손으로 교대로 하면 '보고 배운다'를 의미한다. 또한 어떤 사람이 외국 여행을 갔을 때 여행지의 이곳저곳을 관광했다는 것을 의미한다.

오른손[부피형]을 눈 앞에서 눈 가까이로 끌어당기며 손끝을 모은다.

다른 표현 : 🖐 오른손[60형]을 오른쪽 눈 밑에 갔다 댄다.

3. 보이다 🖐

이 수화는 무언가가 자신의 시야에 자연스럽게 들어온 것을 의미하는데 예를 들어 '종로에서 우연히 친구를 만났다' 에서처럼 자신의 보고자 하는 의지가 있다기보다는 자연스럽게 보여진 경우이다.

오른손[부피형] 손끝을 오른쪽 눈을 향하게 위치한 후 밖(대상물)을 향하여 손가락끝을 모으며 이동한다.

4. 뻔뻔스럽다 🖐

얼굴이 두꺼움을 표현한 것이다.

오른손[부피형]을 얼굴 위에서 아래로 이동한다.

다른 표현 : 🖐🖐 ① 양손[부피형]을 얼굴에서 X자로 위치했다가 교차한다.

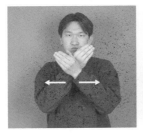 

 ② 양손[주먹형]을 앞뒤로 포개어 코에 댄다.

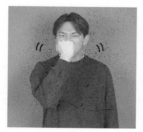 ③ 오른손[주먹형]을 코에 대고 비빈다.

5. 신경 쓰지 않는다, 아랑곳하지 않는다, 개의치 않는다 ✋

양손[부피형]을 앞뒤로 포갰다가 양 옆으로 이동하여 양손의 1지와 2~5지를 붙인다.

다른 표현 : ✋ 오른손[부피형]을 얼굴 앞에서 오른쪽으로 이동하며 1지와 2~5지를 붙인다.

6. 익숙하다 🖐

'코에 기름이 나 있기 때문에 미끄러지기 쉽다' 는 것이다. 이것은 어떤 일에 있어 "능숙하다" 라는 의미로 사용한다.

'물건이 잘 팔린다 〈팔다〉 + 〈익숙하다〉' 에서도 사용될 수 있다.

오른손[부피형] 손끝을 오른쪽 뺨에 댔다가 떼면서 1지를 5, 4, 3, 2지 순으로 비빈다.

다른 표현 : 귀밑에서 턱에 걸쳐 난 수염을 면도칼로 아주 쉽게 깎는 모습을 형상화한 것으로 "능숙하다" 의 의미이다.

🖐 오른손[60 형] 2지 부분을 오른쪽 뺨에 대고 아래로 천천히 내린다.

[구부린 1형]

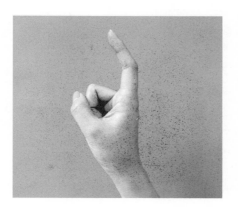

1. 금시초문이다, 처음 듣는 소리다, 그런 이야기는 들어보지 못했다 ✋

처음 듣는 소리임을 나타낼 때 사용한다.

〈소리〉 + 〈처음〉(오른손바닥[5형]이 아래를 향하게 했다가 위로 올리며 1, 3지를 붙인다)

다른 표현 :  〈소리〉 + 〈없다〉(오른손[바른손형]을 귀 옆에서 부채질을 하듯이 위아래로 2~3회 움직인다).

▶ 〈소리〉: 오른손[구부린 1형] 2지를 오른쪽 귀 옆에서 귀 쪽으로 움직인다.

2. 꾸미다

남을 속이거나 남에게 보여주지 않기 위해서 임시적으로 막아 놓거나 꾸며 놓는 것을 의미한다. 예를 들어 갈라진 벽을 감쪽같이 잘 막아놓았을 때, 구멍이 나고 허름한 옷을 구멍이 보이지 않도록 잘 여며 놓을 때 등이다.

오른손[구부린 1형] 2지를 코끝에 대고 2~3회 긁듯이 움직인다.

3. 모자라다. 부족하다

부족하다는 의미와 함께 '~하고 싶다' 라는 의미까지 포함하고 있다. 예를 들어 '잠이 부족하다' 라는 문장은 '잠을 더 자고 싶다' 라는 의미가 포함된 것이다. 또한 컴퓨터를 사고 싶은데 살 수 있는 여건이 아닐 경우에도 '컴퓨터 사고 싶다' 라고 말할 수 있다.

왼손바닥[5형] 위에 오른손[구부린 1형] 2지를 대고 몸 쪽으로 긁듯이 2~3회 움직인다.

4. 부실하다, 실속이 없다 🖐

〈거짓말〉수화는 입 안에 사탕이 있는 것처럼 볼을 볼록하게 하였으나 실은 아무것도 없으므로 거짓말을 나타낸 것이다. 따라서 물건을 부실하게 만들었을 때, 겉으로 보았을 때는 좋아 보이지만 속을 보면 하찮거나 부실한 것을 의미할 때 사용한다.

〈거짓말〉(오른손[구부린 1형] 2지 끝을 오른쪽 볼에 대고 2번 두드린다.) +〈하찮다〉(오른손[ㅇ 형]을 몸 앞에서 위아래로 짧게 2번 흔든다.)

5. 악착같다, 끈질기다 🖐

끈기 있는 사람이나 그러한 상황을 두고 사용할 수 있다.

오른손[구부린 1형] 2지 끝을 턱에 대로 좌우로 작게 손목을 움직인다.

6. 유혹에 넘어가다, 마음이 흔들리다 🖐

이 수화는 코가 낀 것을 형상화한 것으로 유혹에 넘어가는 것을 의미한다.
오른손[구부린 1형] 2지를 콧구멍에 끼듯이 하여 고개와 동시에 오른쪽으로 이동한다.

7. 의심하다, 의혹의 눈초리를 보내다 🖐🖐

의심이 가는 상대를 향해 의혹의 눈초리를 보내는 것이다.
양손[구부린 1형] 손끝을 몸 앞에서 구불구불 움직이며 나간다.

[ㅑ형]

1. 거봐, 바로 그거야! ✋

　　'딱 맞다, 딱 맞추다, 예상이 적중하다, 공교롭다' 의 상황을 두고 사용할 수 있다.

　　오른손[ㅑ형] 2지 끝을 이마 중앙에 댄다.

2. 서로 못 만난 채 헤매다 ✋✋

양손은 사람의 다리를 축소한 것으로 각각 따로 헤매고 있음을 형상화한 것이다.
양손[ㅑ 형]을 몸 앞에 나란히 위치한 후 엇갈리게 반대로 돌린다.

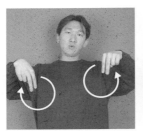

3. 술을 많이 마시다, 술주정뱅이 ✋✋

술을 너무 좋아해 '술병을 두 손으로 감싸 안고 있는 모습'을 형상화한 것이다.
〈술〉(오른손[ㅑ 형] 2, 3지를 턱에 댔다가 이마에 댄다) + 양손[90 형]을 얼굴 오른쪽에
서 위아래로 위치한다.

4. 쌍벽을 이루다 ✋✋

실력이나 능력, 기량이 엇비슷함을 두고 사용할 수 있다.
왼손바닥[언덕형] 밑에 오른손[ㅑ 형]을 위치했다가 위로 내민다.

126

5. 얻어터지다, 얻어맞다, 상처투성이 🖐🖐

얻어터져서 얼굴 전체에 '반창고를 붙인 모습'을 형상화한 수화이다.

양손[ㅑ 형] 2, 3지를 X자로 포개서 얼굴 앞에서 왼쪽에서 오른쪽으로 이동한다.

6. 재량껏, 엿장수 마음대로 🖐🖐

엿장수가 자기 마음대로 엿을 잘라 주듯이 어떤 기준 없이 자기 마음대로 하는 것을 두고 사용할 수 있다. 또한 이 수화에서 앞으로 강하게 1번 움직이면 〈명령하다〉수화가 된다. 즉 자신의 권한으로 어떠한 일을 강력하게 추진하거나 상대에게 명령한다는 의미로 사용된다.

양손[ㅑ 형] 2, 3지를 세워서 X자로 붙인 후 앞뒤로 움직인다.

7. 허탕을 치다, 빗나갔다 🖐

어떤 일을 했을 때 원하던 결과를 얻지 못했을 때 사용한다. 예를 들어 사려고 한 물건이 바닥나서 사지 못했거나 방문한 집의 주인을 만나지 못하고 '허탕치게 됨'을 의미한다. 또한 이 수화를 2번 정도 반복하면 '궁핍하다, 핍절, 생활이 곤란하다'라는 의미로 사용된다.

오른손[ㅑ 형] 2, 3지 손바닥을 이마 중앙에 댄다.

[집게형]

1. 나보다 수준 낮다 🖐

자신보다 남을 낮게 여기며 무시하는 의미로 사용한다.

오른손[집게형] 1, 2지를 눈 앞에서 밖으로 이동하며 손끝을 붙인다.

2. 맞추다, 딱 맞다 🖐🖐

자로 물체를 재는 동작에서 나온 수화이다. '꼭 들어맞다, 조금도 틀리지 않다' 등
의 의미를 갖는다. 시간을 맞추거나 신발이나 옷의 사이즈가 맞다고 할 때 사용할

수 있다.

양손[집게형] 손끝을 이마와 턱 앞에 위치한 후 동시에 1, 2지를 붙인다.

3. 병신, 들켰다 👐👐

일차적 의미는 어떤 것의 모양이나 상태가 온전하지 못한 것으로 '병신' 으로 사용되지만 혹은 '모양이 이상하다, 몸이 말을 안 듣는다, 언변이 뛰어나지 못하다' 등의 의미로 사용할 수 있다. 예를 들어 어떤 사람이 수원에서 서울로 운전하고 가던 중에 다른 길로 잘못 들었을 때 이는 '길을 잘못 왔다' 는 의미를 나타낸다. 또한 이 수화는 '발각되다, 들통나다' 로도 사용되는데 이때는 들켰다는 표정과 함께 입도 벌린다.

왼손[5 형] 5지를 오른손[집게형] 1, 2지로 집어 위로 꺾는다.

4. 잠을 못 이루다 👐👐

잠을 이루지 못해 '눈꺼풀을 깜박이는 모습' 을 형상화한 것이다.

양손[집게형] 1, 2지를 눈 앞에서 붙였다 뗐다를 2~3회 한다.

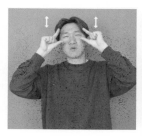

5. 정조를 빼앗다

〈살〉(왼손[바른손형] 등을 오른손[집게형] 1, 2로 집는다) + 오른손바닥[바른손형]으로
입을 닦는 모습을 한다.

[60형]

1. 강하다 ✋

달걀을 눌러 깨뜨리려는 것을 상징화함으로써 '단단하다' 는 것을 연상하게 한 것이다. 일차적인 의미는 물리적인 '단단함, 강함' 이지만 어떠한 상황이나 상태가 심함을 강조할 때도 사용할 수 있는 관용적인 표현이다.

① 감기에 좀처럼 걸리지 않는다 〈감기〉 + 〈강하다〉

② 아직도 결혼하지 않았다 〈결혼〉 + 〈강하다〉

③ 아무리 설득해도 소용이 없다, 막무가내다 〈설명〉 + 〈강하다〉

④ 한참 기다려도 버스가 오지 않는다 〈버스〉 + 〈오다〉 + 〈강하다〉

⑤ 무척 뻔뻔하다 〈뻔뻔하다〉 + 〈강하다〉

⑥ 열심히 일하다 〈일〉 + 〈강하다〉

⑦ 열심히 공부를 하다 〈공부〉 + 〈강하다〉

⑧ 천방지축이다 〈까불다, 장난치다〉 + 〈강하다〉

오른손[60형]을 몸 앞에서 아래로 힘차게 내린다.

2. 고집불통

'코뿔소가 힘차게 달리는 모습'으로 코뿔소의 고집스런 이미지를 가져온 것이다. 오른손[60형] 1지 끝을 이마 중앙에 대고 왼손[5형]은 오른손 아래에 위치한 후 앞 뒤로 2~3회 움직인다.

다른 표현 : 이 수화는 '코뿔소의 뿔'을 상징화한 것이다.

오른손[C형] 1, 2지 부분을 이마 중앙에 댔다가 주먹을 쥐며 힘있게 앞으로 내민다.

3. 견디지 못하겠다, 도저히 참지 못하겠다 🖐️🖐️

'머리에 쓴 관을 벗는 것'으로 더 이상 참을 수 없어 포기할 때 사용할 수 있다. 예를 들어 친구가 돈을 빌려 달라고 사정할 때 거절했지만 끈질긴 부탁 끝에 결국은 돈을 빌려주게 될 때 "내가 졌다" 정도의 의미를 표현할 수 있다. 혹은 직장에 들어간 사람이 처음에는 잘 일하다가 결국엔 견디지 못하고 그만둘 때 사용할 수 있다.

양손[60형] 1지 끝을 양 관자놀이에 위치한 후 강하게 아래로 내린다.

4. 꽉 차다, 팽팽하다, 가득하다 🖐️

이 수화는 숨 하나 새어 나가지 않을 정도로 틈이 없게 딱 들어맞는 것을 의미한다. 따라서 사람이 많이 있거나 혹은 옷이 꽉 낀 상태처럼 '꽉 찼다'를 표현할 때 사용할 수 있다. 예를 들어 만원버스를 표현할 때 〈버스〉 + 〈꽉 차다〉로 말할 수 있다.

오른손[60형] 1, 2지로 코를 감싸듯이 잡는다 / 볼을 부풀린다.

5. 물건 등의 수명이 오래가다

건전지나 물건 등을 오래 사용함을 두고 사용할 수 있다.

오른손[60 형] 2지 끝을 입 오른쪽에 댔다가 앞으로 나간다.

[부리형]

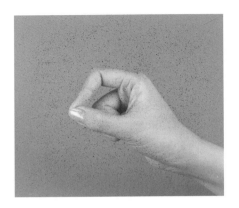

1. 남의 말에 이끌리다, 귀가 얇다, 친구 따라 강남간다 🖐🖐

귀를 양쪽으로 한 번씩 잡아당기는 것으로 남의 말에 귀가 얇아 잘 넘어가는 모습
을 표현한 것이다.

양손[부리형]으로 양쪽 귀를 한 번씩 좌우로 당긴다.

다른 표현 : 🤜🤛 양손[주먹형]으로 목을 한 번씩 좌우로 당긴다.

2. 네 부탁을 들어주마 🖐️🖐️

일차적인 의미는 눈물을 말하지만 다른 수화와 함께 사용되어 '네 부탁을 들어주마' 라는 의미로 쓰일 수 있다.

〈눈물〉 + 〈돕다〉

다른 표현 : 🖐️ 〈눈물〉 + 〈주다〉(오른손바닥[바른손형]이 위를 향하도록 하여 앞으로 내민다)

▶ 〈눈물〉: 오른손[부리형] 1, 2지를 오른쪽 눈에서 볼을 스치며 아래로 내린다.

3. 모양이 작다 ✋

사이즈가 작음을 표현할 때 사용할 수 있다.
오른손[부리형] 1,2지를 턱에 대고 1지를 튕긴다.

4. 문제를 어렵게 내다, 출제하다 ✋✋

주로 '시험이 어렵다'에서 사용되지만 일, 공부, 기술 등에서도 사용 가능하다.
양손[부리형] 손끝을 맞댄 후 오른손을 아래로 힘껏 내린다.

5. 제법이다 ✋

실력이나 기량이 전보다 좋아졌을 때 사용할 수 있다.
예를 들어 축구를 못하던 친구와 오랜만에 만나 축구경기를 했는데 전과는 비교
가 안 될 정도로 기량이 뛰어나졌을 때이다.
오른손[부리형] 1, 2지를 코 오른쪽에서 튕기며 동시에 머리를 젖힌다.

다른 표현 : 오른손바닥[바른손형]을 위로 향하게 하여 몸 앞에서 위로 올린다.

6. 훌륭하다, 우수하다, 위대하다 ✋

뛰어나고 훌륭함을 의미한다.

오른손[부리형] 1, 2지를 오른쪽 관자놀이에 댔다가 위로 올리며 1, 2지를 푼다.

[D형]

1. 건성으로 듣다

상대의 말을 경청하지 않고 성의 없이 듣는 것을 의미한다.

오른손[D형] 손끝을 오른쪽 눈을 향하게 하여 손가락만 위아래로 움직인다 / 눈을
지긋이 감는다.

다른 표현 : 이 수화는 오른 주먹이 신체의 '머리'로 축소되어 표현된 것으로 '건성으로 끄덕이는 것'을 상징화한 것이다.

✋ 오른손[주먹형] 손목을 '끄덕끄덕' 위아래로 2~3회 움직인다.

2. 도로, 옛날 그대로다, 전혀 변한 것이 없다, 여전히 그렇다 🤲

'원래대로, 원점으로'의 의미와 '도로, 복귀'의 의미로 사용할 수 있다. 예를 들어 '3년 전에 입던 옷을 아직도 입고 있다, 20년 만에 찾아간 고향이 옛 모습 그대로이다', '집에 돌아가다' 등에서 사용할 수 있다.

오른손[D형] 손끝을 오른쪽 어깨에 댄 후 왼손바닥[5형] 위에 올려놓는다.

3. 작심삼일 ✋

결심한 일을 끈기 있게 하지 못하고 포기함을 두고 사용할 수 있다.

오른손[D형] 손끝을 턱 오른쪽에 대고 어깨와 함께 동시에 아래로 내린다.

4. 최상급 표현 🖐🖐

최상급 표현이다.

오늘 시험을 봤는데 얼마나 까다로웠는지 모른다 〈어렵다〉 + 〈최고〉

가장 예쁘다 〈예쁘다〉 + 〈1등〉

가장 젊다 〈젊다〉 + 〈1등〉

〈최고〉 : 왼손바닥[바른손형]에 오른손[D 형] 손끝을 갖다댄다.

다른 표현 : 🖐 ① 〈1등〉 : 오른손[1 또는 ㅏ 형] 2지를 몸쪽으로 끌어당긴다.

🖐 ② 〈제일〉 : 오른손[1 또는 ㅏ 형] 2지를 왼쪽 어깨에 갖다 댄다.

[손끝모은형]

1. 모르는 척 시치미 떼다, 슬그머니, 슬슬 얼버무리다 🖐

알고도 모르는 척하거나 하고도 안한 체 시치미를 뗄 때 사용할 수 있다.
오른손[손끝모은형]을 입 앞에서 손가락을 비비며 좌우로 작게 움직인다.

2. 사용하지 않고 내버려두다 🖐

'방치해 둔다' 는 의미이다. 예를 들어 아까운 재능을 사용하지 않고서 그냥 두는
경우와 어떤 물건을 사용하지 않고 방치해 둘 때 사용할 수 있다.

시간이 많이 있다 〈시간〉 + 〈사용하지 않고 내버려두다〉

집에 있다 〈집〉 + 〈사용하지 않고 내버려두다〉

일이 없다 〈일〉 + 〈사용하지 않고 내버려두다〉

일이 없이 놀고 있다 〈놀다〉 + 〈사용하지 않고 내버려두다〉

오른손[손끝모은형] 손끝을 오른쪽 눈 밑에 댄다.

3. 서로 인사 안하고 말도 건네지 않고 지내다 🖐🖐

입과 시선을 축소한 것으로 입을 꼭 다물거나 시선을 마주치지 않고 서로가 외면하는 것을 형상화한 것이다.

양손[손끝모은형] 손끝이 마주 보도록 세운 후 동시에 엇갈려 돌린다.

다른 표현 : 🖐 양손[ㅑ형] 손끝을 마주 보도록 세운 후 동시에 엇갈려 돌린다.

4. 아껴서 조금씩 사용하다 ✋✋

'많은 양에서 적은 양'을 의미하는 것으로 예를 들어 가정주부가 많은 양을 한꺼번에 장을 봐 와서 매 식사준비 때마다 조금씩 사용할 때 혹은 어떤 사람이 직장을 그만두고 지금껏 저금해 온 돈으로 근근이 살아갈 때 이 표현을 사용할 수 있다.

왼손[1 또는 ㅏ형] 2지를 오른손[손끝모은형] 손끝으로 잡은 후 2~3회 갉아먹듯이 한다.

[L형]

1. 기회를 놓치다, 이미 엎질러진 물이다 ✋✋

기회가 왔는데 좋은 기회임을 모르고 놓쳤을 때의 안타까운 마음을 표현할 때 사용할 수 있다. 예를 들어 좋은 일자리 제의가 들어왔을 때 차일피일 미루다가 그 자리에 다른 사람이 고용되어 결국 자신에게 온 기회를 놓쳤을 때 사용한다. 이것은 시간이 늦었다는 의미보다는 '기회를 놓쳤다'는 의미가 강하다.

왼손[주먹형] 1, 2지 사이에 오른손[L형] 1지를 끼고 시계바늘을 되돌리듯 손목을 위로 제낀다.

다른 표현: ✋✋ 〈약속〉 + 박수를 세게 친다 혹은 〈약속〉 + 〈끝〉

▶ 〈끝〉: 왼손[바른손형]을 몸과 직각으로 세워 위치한 후 오른손[D형] 손끝을 왼손바닥에 갖다
댄다.

2. 너무 멀다 ✋

오른손[L 형]을 눈 옆에서 앞으로 나간다.

너무 멀다는 의미로 '너무 멀어서 못간다' 는 다음과 같이 표현할 수 있다.

✋ ① 〈너무 멀다〉 + 오른손[바른손형]을 목 옆에서 아래로 내린다.

✋ ② 〈너무 멀다〉 + 〈지루하다〉 (오른손바닥[바른손형]을 코에 댔다가 아래로 내리
며 손을 접는다)

3. 담대하다

움츠러듦 없이 자신 있게 행동함을 두고 사용할 수 있다.
양손[L 형]을 배에 댔다가 동시에 양 옆으로 이동한다.

4. 할 수 없이, 마지못해

하기 싫은 일을 억지로 강요당해 어쩔 수 없이 하게 되거나 어떤 일을 애써 했는데
잘못했을 경우 헛수고를 했지만 '어쩔 수 없다' 라는 의미로 사용할 수 있다. 예를
들어 학생이 시험공부를 했는데 범위를 잘못 알고 엉뚱한 것을 공부하였다. 이 때
이 학생은 어쩔 수 없이 시험을 봐야 한다. 즉 '할 수 없다, 어쩔 수 없다' 의 의미이
다. 한손 수화와 양손 수화가 가능하다.
양손[L 형] 1지를 머리 양옆에 댄 상태에서 양손 2지를 아래로 내린다.

[언덕형]

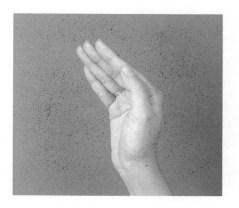

1. 돌

일차적인 의미는 〈돌〉이라는 의미가 있으나 문장 안에서 다른 수화와 결합하여 관용적으로 사용된다.

아무리 수화를 배워도 실력이 늘지 않는다 〈수화〉 + 〈돌〉

아무리 노력해도 운전 실력이 늘지 않는다 〈운전하다〉 + 〈돌〉

위 예문들은 아무리 노력을 해도 '더 나아지지 않거나 잘 안 된다, 못하다' 는 상황에서 사용한다. 오른손[언덕형]을 입에 댔다가 왼손바닥[바른손형] 위에 내려 놓는다.

2. 산더미처럼 많다 🤲

'수나 양이 많음'을 의미하는 것으로 예를 들어 이화여대 전철역에 내리면 '여자들이 많다', 인천 앞 바다에 가면 '횟집이 즐비하다'라는 상황에서 사용할 수 있다.

오른손[언덕형] 손끝을 오른쪽 어깨에 댔다가 앞으로 반원 그리며 왼손바닥[바른손형] 위에 내려 놓는다.

다른 표현 : 🤚 〈눈〉 + 오른손[L형] 몸 앞에서 가로로 위치한 후 왼쪽에서 오른쪽으로 힘있게 움직인다.

3. 안 보이다 🖐

자신이 보려고 하는 대상이 다른 사람이나 사물에 가려져서 안 보일 때 사용할 수 있다.

오른손[언덕형]을 왼쪽 목에 대고 2회 정도 친다.

4. 여유 있다, 넉넉히 남다 ✋

가슴을 펴고 왼쪽 가슴에서 오른쪽 가슴까지 이동시키는 것은 가슴이 넓다, 즉
'도량이 넓다'는 의미이다. '자신이 있다'라는 의미이기도 이다. 또한 시간, 수량
등의 여유가 있다, 핸드폰 배터리 같은 것이 남아 있다라는 의미로도 사용된다.
오른손[언덕형] 손끝을 왼쪽, 오른쪽 가슴에 차례로 댄다.

다른 표현 : ✋✋ 〈파랗다〉(오른손[언덕형] 손끝을 오른쪽 뺨에 댔다가 스쳐 내린다) +
〈남다〉(양손[언덕형]을 몸 앞에서 앞뒤로 포갰다가 안쪽에 위치한 오른손을 아래로 내
린다)

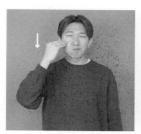  

[우두머리형]

1. 결코, 절대로 ✋

'철, 쇠'란 뜻이 있지만 관용적으로 사용된다. 예를 들어 자신이 매우 좋아하던 음식을 배고픈 가운데 허겁지겁 먹고 결국 체하였다. 그런 후로는 그 음식을 절대 먹지 않는다. 또는 친구에게 물건을 빌려 주었는데 몇 년이 지나도록 친구가 돌려 주지 않을 때 그 친구에게는 "다시는 빌려주지 않겠다"라고 말할 때 사용할 수 있다. 즉 '절대로 하지 않겠다'라는 의미로 사용된다.

오른손[우두머리형] 1지를 입에 댔다가 강하게 앞으로 내민다.

2. 너는 내 적수가 못 된다, 나를 못 당한다 🖐🖐

자신의 적수가 되지 못하는 상대를 낮추고 업신여기는 표현이다.

〈적수〉(양손[우두머리형]을 간격을 두고 몸 앞에 위치했다가 몸에서 멀리 떨어진 오른손
을 몸과 가까이 위치한 왼손에 갖다 댄다) + 〈불가능하다〉

다른 표현 : 🖐🖐 왼손[우두머리형]을 오른손[바른손형]으로 치듯이 한다.

3. 한눈을 팔지 않는다, 외곬으로 하다 ✋

〈열심히 하다〉수화에서 오른손만 사용해 한 분야에 집중하여 해 나가는 것을 말한다.

오른손[우두머리형]을 오른쪽 갈비뼈 부근에 갖다 댄 후 앞으로 힘있게 내민다.

[박쥐형]

1. 감쪽같이 사라지다, 홀연히 사라지다, 눈 깜짝할 새 ✋✋

이 수화는 박쥐를 상징화함으로써 귀신을 연상한 것이다. 일차적으로는 '귀신' 이라는 의미로 사용되지만 방금 전까지만 해도 있던 사람 혹은 물건이 갑자기 사라졌을 때 "감쪽같이 사라졌다"는 의미로 사용할 수 있다.

왼손[5 형]등 위에 오른손[박쥐형] 3지를 대고 살짝 위로 올린다.

2. 귀찮다 🖐️🖐️

귀찮은 상황에서 사용할 수 있다. 예를 들어 다른 사람이 부탁을 했는데 귀찮을 때이다.

오른손[박쥐형] 1, 3지를 왼팔 등에 댔다가 손끝을 떨어뜨리면서 1, 3지를 붙였다가 아래로 내리면서 푼다.

3. 아슬아슬, 진땀이 나다 🖐️

몹시 애를 쓰거나 긴장할 때 흐르는 땀을 표현한 것이다.

오른손[박쥐형] 3지를 머리 오른쪽에 대고 머리에서부터 약간씩 흔들며 땀이 흐르듯이 아래로 내린다.

[C형]

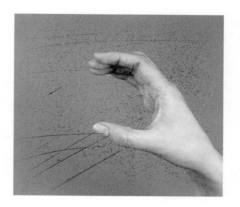

1. 덤비다

상대를 향해 대들거나 시비를 걸 때 사용할 수 있다.
양손[C형]을 맞붙인 상태에서 몸쪽으로 당긴다.

다른 표현 : ✋ 양손[우두머리형]을 맞붙인다.

2. 생각이 간절하다 ✋

간절히 바란다 혹은 기대한다는 의미이다.

✋ 오른손[C형] 1지를 오른쪽 관자놀이에 댄다.

다른 표현 : ✋ ① 오른손[ㅇ형] 1, 2지를 오른쪽 관자놀이에 댔다가 멀어지면서 붙였다 뗐다를 반복한다 (만화의 생각난).

🖐 ② 오른손[언덕형] 손끝을 목에 대고 긁듯이 위아래로 2회 움직인다.

🖐🖐 ③ 양손[5 형]을 머리 오른쪽에서 포개어 동시에 앞뒤로 움직인다.

🖐🖐 ④ 〈생각〉 + 양손[5 형]을 머리 오른쪽에서 포갠 후 양쪽으로 동시에 이동
하며 손가락을 벌린다.

[농담형]

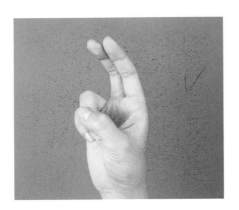

1. 너에 대해서 다 안다, 알았어, 더 이상 설명하지 않아도 돼, 다 알아! 🖐🖐

〈파악하다〉수화는 '파리를 쉽게 잡듯이' 어떤 일이든지 빨리 파악한다는 것이다.

〈냄새〉수화는 일차적으로는 코를 통해 맡을 수 있는 물리적인 것을 의미하지만 상대의 냄새를 익힐 정도로 다 파악해서 알고 있는 경우에서도 사용할 수 있다.

〈냄새〉+ 〈파악하다〉(왼손바닥[5형] 위에서 오른손[지정형]으로 강하게 움켜잡는다)

다른 표현 : ②번 수화는 경험을 통해 확실히 알게 되었을 때 사용할 수 있다.

✋ ① 오른손[농담형] 2, 3지를 코에 댄 상태에서 어깨를 내린다 + 〈알다〉(오른손 [5형]을 가슴에 대고 위아래로 움직인다)

✋ ② 〈알다〉(오른손[60형] 1, 2지를 코에 대고 번갈아 움직인다)

2. 들켰다, 발각당하다, 딱 걸렸다 ✋

주인에게 충성을 하던 개가 느닷없이 주인의 목을 무는 모습을 형상화한 것으로 보통은 '배반하다' 라는 의미로 사용된다. 또한 경찰에게 교통위반으로 걸렸을 때도 '들켰다, 걸렸다' 의 의미로 사용할 수 있다.

오른손[농담형] 2, 3지 끝을 왼쪽 목이나 오른쪽 목에 갖다 댄다.

3. 모른 체 🤚

아는 사이인데도 모른 척하고 그냥 지나침을 두고 사용할 수 있다.

오른손[농담형] 2, 3지를 오른쪽 광대뼈 부근에 대고 2회 두드린다 / 고개를 좌우로 움직인다.

[안 되다형]

1. 남을 속이다

다른 사람을 거짓이나 꾀로 속일 때 사용할 수 있다.

양손[안 되다형]을 몸 앞에서 상대를 향해 앞으로 나가면서 양손 1, 3지를 동시에
푼다.

다른 표현 : ①번 수화는 〈남을 속이다〉수화의 수향을 반대로 하여 의미도 〈속다〉로 반대가 된다.

🖐🖐 ① 〈속다1〉 : 양손[안 되다형]을 몸 앞에서 자신을 향해 양손 1, 3지를 동시에 푼다.

🖐🖐 ② 〈속다2〉 : 오른손[60형] 1, 2지를 턱에 댔다가 왼손바닥[바른손형] 위에 내려놓는다.

🖐🖐 ③ 〈속다3〉 : 양손 [5형] 1지를 턱 아래에 댔다가 떼면서 동시에 앞으로 내민다.

2. 살살, 천천히 ✋

조심스럽게 행동함을 두고 사용할 수 있다.

오른손[안되다형] 2지를 입 앞에 댄 상태에서 1, 3지를 2~3회 가볍게 튕긴다.

3. 쌤통이다, 우습다 ✋

남을 비웃을 때 사용할 수 있다.

오른손[안되다형] 3지가 턱에 닿도록 대고 1, 3지를 2~3회 튕긴다.

[4 형]

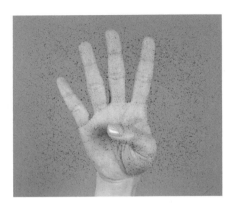

1. 감옥에 들어가다

'감옥의 철창' 을 의미한다. 양손을 동시에 얼굴 앞으로 올림으로써 감옥에 들어
가는 것을 도상적으로 표현한다. 이때 〈철〉수화를 함께 사용하면 의미가 더욱 확
실해진다.

양손[4 형]을 동시에 얼굴 앞으로 올린다.

다른 표현 : 🖐🖐 오른손[지정형]을 왼손[우두머리형] 위에서 아래로 내리며 씌운다.

▶ 〈철〉 : 오른손[우두머리형] 1지를 이로 문다.

2. 감옥에서 나오다 🖐🖐

'감옥의 철창' 을 표현한 것이다.

양손[4형]을 동시에 얼굴 앞에서 아래로 내린다.

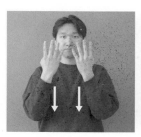 

다른 표현 : 🖐🖐 왼손[우두머리형] 위에서 오른손[지정형]을 위로 올리며 벗긴다.

[R 형]

1. 막역지우, 아주 친한 친구 🤚

아주 절친한 친구나 혹은 그러한 관계를 의미할 때 사용할 수 있다.

오른손[R형] 손끝을 코에 댔다가 앞으로 제시한다.

2. 텅 비었다

물건 따위가 없어지거나 빈 상태를 나타낸 것으로 예를 들어 쌓였던 많은 물건이 다 없어졌거나 모임장소에 갔는데 그곳에 아무도 없을 때 혹은 버스나 지하철의 빈자리를 표현할 때 이 수화를 사용할 수 있다. 한손 수화와 양손 수화가 모두 가능하다.

양손[R 형] 2, 3지를 튕기며 위로 올린다.

[ㅣ형]

1. 약속을 어기다 🖐🖐

약속을 할 때 양손 새끼손가락을 거는 것이다.

상습적으로 약속을 어길 때에는 〈약속을 어기다〉 + 〈상습적〉이라고 표현한다.

양손[ㅣ형] 5지를 걸었다가 오른손을 아래로 내린다.

2. 여자만 밝히는 사람, 호색가 👐

눈앞에 여자만 아른거려 여자만 밝히는 사람을 두고 사용할 수 있다.
양손[ㅣ형] 손끝을 위로 향하게 하여 눈앞에서 원을 그리며 돌린다.

다른 표현 : 👐 ① 양손[ㅣ형] 손끝을 위로 향하게 하여 눈앞에서 앞뒤로 2~3회 움직인다.

👋 ② 오른손[ㅣ형] 손끝을 위로 향하게 하여 오른뺨에 대고 아래로 스쳐 내린다.

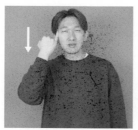

[ㅂ형]

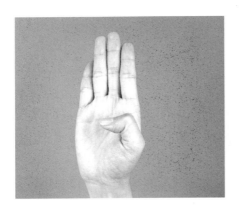

1. 반신반의 🖐

반쯤은 믿고 반쯤은 의심한다는 것으로 상대방의 설명이나 이야기가 정말인지 거 짓인지 잘 판단하기 어려울 때 사용할 수 있다.

오른손[ㅂ형] 2지 부분을 턱에 대고 손목과 고개를 좌우로 움직인다.

2. 잔병치레가 많다

한 군데만 아픈 것이 아니라 온몸이 아픈 것을 형상화한 수화이다.

〈병〉 (오른손[ㅂ형] 2지 부분을 이마 중앙에 대고 2번 두드린다) + 양손[지정형] 손끝을 각각 어깨와 허리 부근에 대고 동시에 양손의 위치를 상하로 2~3회 바꾼다.

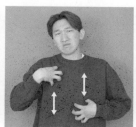

[Y형]

1. 손해보다 🖐

일차적인 의미는 '자살'을 의미하지만 문맥 안에서 '손해' 혹은 '후회'의 의미로
도 사용된다. 예를 들어 물건을 좋다고 해서 샀는데 사고 보니 형편없었을 때는
"자신이 손해를 봤다"는 의미이며, 말하지 말아야 할 비밀을 말했을 때는 "말하
지 않았어야 되는데.." 하며 후회의 의미로 사용할 수 있다.

〈자살〉(오른손 [Y형] 1지 끝을 목에 갔다 댄다)

다른 표현 : 〈손해〉수화는 장부에 나타나는 손익계산서로부터 나온 수화이다.

🖐 〈빨갛다〉+〈손해〉(왼손바닥[바른손형] 위에 오른손[1 또는 ㅏ 형] 2지로 사선을 긋는다)

2. 잠꾸러기 🖐

잠이 많은 사람을 두고 사용할 수 있다.

〈잠〉+〈중독〉(오른손[Y 형] 1지 끝을 입 오른쪽에 댄다)

다른 표현 : 🖐🖐 〈잠〉+〈대장〉(왼손[바른손형] 3지에 오른손 1, 2지로 반지를 끼듯이 하고 왼손등 위에 오른손[우두머리형]을 올려놓는다)

〈잠〉 + 〈1등〉 (오른손[1 또는 ㅏ 형] 2지를 몸쪽으로 당긴다)

▶ 〈잠〉 : 오른손[Y 형]을 코에 대고 좌우로 흔들면서 앞뒤로 움직인다.

[ㅎ형]

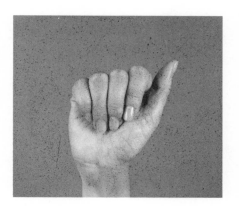

1. 다른 일에는 막 나서다가 자신이 없는 일에는 뒤꽁무니를 뺀다 🖐️🖐️

처음에는 자신이 다 할 것 같이 하다가 뒤에 가서는 꽁무니를 뺄 때, 혹은 소극적
인 모습일 때 사용할 수 있다.

〈거북이〉수화처럼 오른손[ㅎ형] 위에 왼손[언덕형]을 올려놓은 후 오른손을 천천
히 뒤로 뺀다.

다른 표현 : 🖐🖐 양손[부피형] 1지를 가슴에 대고 2~5지 끝을 1지와 붙인다.

[ㅁ 형]

1. 길이 많이 막히다 🖐🖐

길이 많이 막혀 차들이 일렬로 정체되어 있는 것을 표현한 것으로 수화의 특징인 도상적인 표현법이다.

양손[ㅁ형]을 앞뒤로 위치한 후, 양손을 동시에 앞뒤로 이동한다.

다른 표현 :  양손[언덕형]을 앞뒤로 위치한 후, 양손을 동시에 앞뒤로 이동
한다.

[2 형]

1. 겸용, 두 가지 ✋

하나를 가지고 두 가지 용도로 사용할 때나 두 가지를 의미할 때 사용할 수 있다.
예를 들어 어떤 친구는 '컴퓨터도 잘하고 축구도 잘한다' 라고 말할 때 두 가지를
잘한다는 의미로 사용할 수 있고 혹은 어떤 물건이 두 가지 용도로 사용될 때도 이
수화를 사용할 수 있다.

오른손[2 형] 손끝을 턱에 대고 위아래로 2번 움직인다.

다른 표현 : ✋ 오른손[2 형] 2, 3지를 왼쪽 어깨부근에 대고 2번 두드린다.

[70형]

1. 노려보다, 째려보다

다른 사람을 매서운 눈빛으로 쏘아볼 때 사용할 수 있다.
오른손[70형]을 상대를 향해 쳐다보듯이 위아래로 움직인다.

[3 형]

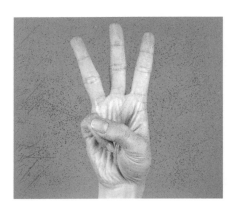

1. 대수롭지 않다, 아무것도 아니다 ✋

어떤 상대나 상황을 무시할 때 혹은 자신의 능력으로 충분히 해냈을 때 사용할 수 있다. 예를 들어 직장에서 말단 사원에게 많은 업무가 주어졌음에도 주위 사람들의 예상과는 달리 퇴근시간 안에 거뜬히 그 일들을 마치고 제 시간에 퇴근을 할 수 있을 때 사용할 수 있다.

오른손[3 형] 1, 5지로 코 오른쪽 부위에서 코딱지를 튕기듯이 한다.

[ㅈ형]

1. 완전히 까막눈이다 🖐

일차적인 의미는 '맹(盲)'을 의미하지만 문맥 안에서 '아무것도 모른다'는 의미로 사용된다.

예를 들어 '컴퓨터엔 완전히 까막눈이다, 컴맹이다'라는 것으로 사용된다.

① 〈컴퓨터〉 + 〈깨끗하다〉 + 〈맹〉

② 〈컴퓨터〉 + 〈맹〉 + 〈끝〉

③ 〈컴퓨터〉 + 〈꼴찌, 불량〉

오른손[ㅈ형] 손끝을 눈을 향하게 한 후 아래로 내린다.

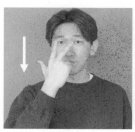 

▶ 〈컴퓨터〉: 왼손[바른손형] 팔등 위에 오른손[C 형] 1지를 대고 왔다갔다 스친다.

▶ 〈깨끗하다〉: 오른손바닥[바른손형]을 얼굴 위에서 아래로 내린다.

▶ 〈꼴찌, 불량〉: 오른손[Ⅰ형] 5지 끝을 아래로 향하게 하여 아래로 힘껏 내린다.

[포형]

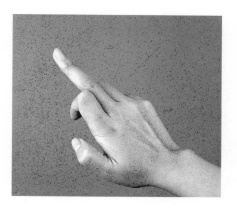

1. 말만 한다, 공수표를 남발하다 ✋

이는 말로만 하고 행동이 뒤따르지 못함을 두고 사용할 수 있다.

〈말〉+ 오른손[포형]을 몸 앞에서 대포를 쏘듯이 앞뒤로 2번 움직인다.

다른 표현 : 🖐 오른손[1 또는 ㅏ형] 2지로 입 앞에서 작은 원을 그린다.

[90형]

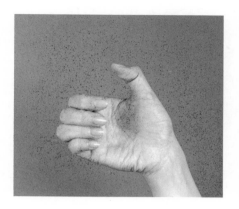

1. 반하다, 사랑에 빠지다

어떤 상대나 대상에 반해 버렸다는 의미이다. '곧 반해 버렸다' 는 〈반하다〉 + 〈순간〉으로 표현할 수 있다.

양손[90형]을 얼굴 위아래에 위치한 후 좌우로 동시에 엇갈리게 움직인다.

다른 표현 : ✋ 오른손[구부린 1형] 2지를 눈 밑에 댔다가 상대를 향해 찍듯이 한다.

[주사형]

1. 마중, 만나다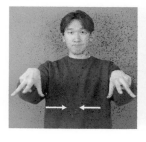

농인들은 〈만나다〉수화보다 이 수화를 더 빈번히 사용한다. 친구와 어느 약속 장
소를 정하고 거기서 만나자고 할 때 이 수화를 사용한다.

양손[주사형] 손끝이 아래로 향하게 하여 양쪽에서 가운데로 이동하며 손끝을 붙
인다.

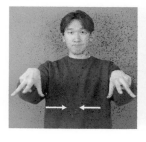

▶ 〈만나다〉 : 양손[1 또는 ㅏ형] 2지를 펴서 자신의 양옆에서 중앙으로 동시에 만나게 한다.

[재벌형]

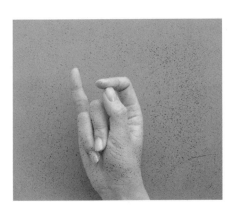

1. 재벌, 큰 부자 ✋

갑부, 재벌 등을 말할 때 사용할 수 있다.

오른손[재벌형] 1, 2지를 코에 댔다가 1, 2지를 튕기며 앞으로 나간다.

다른 표현 :

▶ 〈재벌〉 : 양손[ㅇ형]을 양 어깨에서 반원을 그리며 배 쪽으로 이동한다.

색인 − 수형순

[1 또는 ㅏ형]

간이 맞지 않다, 더 하고 싶다 / 021
감언이설로 꾀다 / 022
고급, 돋보이다 / 022
구미에 맞지 않다, 입맛에 맞지 않다 / 023
긴 말이 필요 없다, 복잡하게 할 것 없다 / 023
꾸준히 전진하다, 적극적으로 / 024
꿰뚫어 보다, 파악하다, 딱 걸렸다 / 024
남의 눈에 띄다, 돋보이다 / 025
낯익다 / 026
내 정신 좀 봐라, 머리가 나쁘다, 골이 비었다, 멍청이 / 026
내가 이길 수 없다 / 027
너무 적다 / 027
노련하다, 베테랑이다 / 028
눈에 거슬리다, 보기 싫다 / 028
눈이 좋다, 눈썰미가 있다 / 029
눈치가 빠르다 / 030
눈치가 빠르지 못하다, 상황을 분간하지 못하다 / 031
도무지 생각나지 않는다 / 032
뜻밖에, 뜻밖이다 / 033
마음이 약해서 탈이다, 동정심이 많아서 탈이다 / 033

많은 사람을 만나다 / 033
말 안 들을 때, 불순종, 말을 잘 듣지 않는다 / 034
말로 표현할 수 없다, 말도 마라! 형언할 수 없다 / 034
말을 바꾸다, 말이 달라지다 / 035
말이 막혀서 할 말이 없다 / 035
말이 안 통하다, 거 참 대책이 없는 사람이네 / 036
말이 통하지 않는다, 동문서답 / 036
망신당하다 / 037
머리가 나쁘다, 구제불능 / 038
멍하다 / 039
무심결에, 무심코, 생각 없이 / 039
미치다, 열광하다, 빠지다 / 040
믿을 수 없다 / 040
발뺌하다, 이 핑계 저 핑계를 대다 / 040
부채가 늘어나다, 적자가 늘어나다 / 041
빨리 닳다 / 042
생각이 부족하다, 똑똑하지 못하다 / 042
심증을 굳히다, 의심하다 / 043
썩 마음에 안 든다 / 043
아찔하다 / 044
어디 한번 해봐 / 044
얼굴이 판에 박은 듯이 똑같다 / 044
원 세상에…살다보니 별일 다 본다, 세상에 / 045
으뜸가다 / 045
이심전심, 자세히 말 안 해도 알아서 하다 / 045
일등, 가장 ~하다 / 046
전심전력으로, 젖 먹던 힘을 다해 / 047
주의 깊게 보지 않다 / 047

징그럽다, 섬뜩하다 / 048
측은한 마음이 들다, 동정심이 생기다 / 048
탄로가 나다 / 048
혼이 나다, 어이쿠…!, …할 뻔하다 / 049
힘이 빠지다, 할 마음이 나지 않는다 / 049

[ㅇ형]

가격, 주가 따위가 오르다 / 051
구멍이 나다 / 052
기술이 없다 / 052
기술이 탁월하다, 재주가 비상하다, 솜씨가 좋다 / 053
다 털리다, 날리다 / 053
돈만 아는 사람, 돈벌이에 혈안이 되다 / 054
돈이 많다, 부자 / 054
먹보 / 055
못 봤어 / 055
무료 / 056
벼락부자가 됐다 / 056
보았다 / 056
보지 마라 / 057
보지 않다 / 057
보지 않았다, 안 보았다, 본 적이 없다 / 058
불가능하다 / 058
불성실하다, 무성의, 성의 없다 / 058
수다, 말이 많다 / 059
순식간에 / 062
신난다 / 063
아! 생각났어 / 063
어느 누구도 편들지 않는다 / 064
정성을 들여 만들다 / 064
참 흥미로운 이야기군 / 064
통 말을 안 듣는다, 아무리 설득해도 요지부동이다,
귀담아 들으려 하지 않는다 / 065

[바른손형]

가능하다, 할 수 있다 / 066
거들떠보지 않다 / 066
깨끗이 비우다, 바닥이 나다 / 068
도매금으로, 몽땅 / 068
도와주지 않겠다 / 068
막히다, 잘 안 된다 / 070
먹어서는 안된다 / 070
먹은 적이 없다 / 070
먹음직하다 / 071
먹지 말라 / 071
먹지 않았다 / 072
복잡한 것을 모두 잊고 싶다 / 072
비위를 맞추다 / 073
상대도 안 된다 / 074
소심하다, 담대하지 못하다, 속이 좁다 / 075
솔직히 말하다 / 075
실력이 늘었다, 전보다 실력이 낫다 / 076
안 먹다 / 076
점점 이해가 되다 / 077
점차 흥미를 잃다, 시시해지다, 싫증나다,
타성에 젖다 / 077
중간에서 포기하다 / 078
지각하기를 밥 먹듯이 하다 / 078
지루하다 / 079

[5형]

괴상하다, 괴팍하다, 못 말리다 / 080
그래 네 말이 맞다, 지당한 말이다, 당연하다 / 081
난들 어떻게 할 도리가 없다, 방법이 없다 / 081
내가 이긴 거야, 내가 최고야 / 082
다른 사람이나 그 사람이 하는 일을 무시하다 / 082
더 이상 설명하지 않아도 알겠다 / 083
못 당하겠다, 항복 / 084
무감각하다 / 085
뭐가 뭔지 모르겠다 / 086
미리 다 알고 있으니까 속이지 마 / 086
바람을 피우다, 바람둥이 / 087
배고파 죽겠다 / 087
비위가 상하다, 비위에 맞지 않다 / 087
빠짐없이, 빈틈없이 / 088
알면서도, 일부러 / 089
잘하는구나, 대단하구나 / 089
잘하다, 100점, 만점 / 089
장난꾸러기 / 090
~한 적이 없다, 경험이 없다 / 091

[O형]

고수 / 092
기절초풍하겠다 / 093
너무 많다 / 093
눈을 부릅뜨다 / 093

맵다 / 094
좋다 말았다, 좋은 기회를 놓치다 / 094
몇 시간 동안 / 095
못 본 척하다, 건성으로 보다 / 095
상투적이다, 새로운 적이 없다, 진부하다 / 096
악취, 기억력이 좋다 / 096
이등 / 096
일이 겹치다, 중복되다,
두 가지 일이 동시에 일어나다 / 097
절대로 ~하지 않겠다,
두 번 다시 실수를 되풀이하지 않겠다 / 097
최고급 / 098
큰소리치다, 만용을 부리다 / 098
탕진하다 / 098
황당무계하다, 뚱딴지 같다 / 099

[주먹형]

간섭하지 않고 가만히 있다, 잠자코, 수수방관 / 100
너무 웃긴다 / 101
망하다 / 101
모함하다 / 102
빨리빨리 / 102
사업이 호황이다, 바빠 죽겠다, 인기폭발하다 / 103
상습적으로, 한두 번이 아니다 / 104
소름이 끼치다, 무시무시하다 / 104
아이고 골치야! / 105
아하 알겠다, 터득했다, 이제 감을 잡았다,
이제 알았다 / 105
열심히 하다 / 106
오래 기다리다 / 106
조마조마하다, 우려하다 / 107
좌절하다, 소진하다 / 107
폭소가 터지다 / 108

행동이 굼뜨다, 느리다 / 108
힘, 세다 / 110

[지정형]

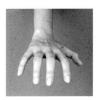

거세다, 맹렬하다, 파악하다 / 111
겉과 속이 다르다, 위선적이다 / 112
굳은 결의를 다지는 모습 / 112
꿍꿍이 속, 속셈 / 113
남을 등쳐 먹다, 착취하다 / 113
내버려 둬 / 113
발끈하다, 화나다, 성나다 / 114
배탈이 나다, 설사 / 114
익숙해지다, 습관이 되어서 아무렇지 않다,
적응이 되다 / 115

[부피형]

멍청이 / 116
목격하다, 보다 / 117
보이다 / 118
뻔뻔스럽다 / 118
신경 쓰지 않는다, 아랑곳하지 않는다, 개의치 않는다 / 119
익숙하다 / 120

[구부린 ㅣ형]

금시초문이다, 처음 듣는 소리다,
그런 이야기는 들어보지 못했다 / 121
꾸미다 / 122
모자라다, 부족하다 / 122
부실하다, 실속이 없다 / 123
악착같다, 끈질기다 / 123
유혹에 넘어가다, 마음이 흔들리다 / 124
의심하다, 의혹의 눈초리를 보내다 / 124

[ㅑ형]

거 봐, 바로 그거야!, / 125
서로 못 만난 채 헤매다 / 126
술을 많이 마시다, 술주정뱅이 / 126
쌍벽을 이루다 / 126
얻어터지다, 얻어맞다, 상처투성이 / 127
재량껏, 엿장수 마음대로 / 127
허탕을 치다, 빗나갔다 / 127

[집게형]

나보다 수준 낮다 / 129
맞추다, 딱 맞다 / 129
병신, 들켰다 / 130
잠을 못 이루다 / 130
정조를 빼앗다 / 131

[60형]

강하다 / 132
고집불통 / 133
견디지 못하겠다, 도저히 참지 못하겠다 / 134
꽉 차다, 팽팽하다, 가득하다 / 134
물건 등의 수명이 오래가다 / 135

[부리형]

남의 말에 이끌리다, 귀가 얇다, 친구 따라 강남간다 / 136
네 부탁을 들어주마 / 137
모양이 작다 / 137

문제를 어렵게 내다, 출제하다 / 138
제법이다 / 138
훌륭하다, 우수하다, 위대하다 / 139

[D형]

건성으로 듣다 / 140
도로, 옛날 그대로다, 전혀 변한 것이 없다,
여전히 그렇다 / 141
작심삼일 / 141
최상급 표현 / 142

[손끝모은형]

모르는 척 시치미를 떼다, 슬그머니, 슬슬 얼버무리다 / 143
사용하지 않고 내버려 두다 / 143
서로 인사 안하고 말도 건네지 않고 지내다 / 144
아껴서 조금씩 사용하다 / 145

[L형]

기회를 놓치다, 이미 엎질러진 물이다 / 146
너무 멀다 / 147
담대하다 / 148
할 수 없이, 마지못해 / 148

[언덕형]

돌 / 149
산더미처럼 많다 / 150
안 보이다 / 150
여유 있다, 넉넉히 남다 / 151

[우두머리형]

결코, 절대로 / 152
너는 내 적수가 못 된다, 나를 못 당한다 / 153
한눈을 팔지 않는다, 외곬으로 하다 / 154

[박쥐형]

감쪽같이 사라지다, 홀연히 사라지다, 눈 깜짝할 새 / 155
귀찮다 / 156
아슬아슬, 진땀이 나다 / 156

[C형]

덤비다 / 157
생각이 간절하다 / 158

[농담형]

너에 대해서 다 안다, 알았어,
더 이상 설명하지 않아도 돼, 다 알아! / 160
들켰다, 발각 당하다, 딱 걸렸다 / 161
모른 체 / 162

[안 되다형]

남을 속이다 / 163
살살, 천천히 / 165
쌤통이다, 우습다 / 165

[4형]

감옥에 들어가다 / 166
감옥에서 나오다 / 167

[R형]

막역지우, 아주 친한 친구 / 168
텅 비었다 / 169

[l형]

약속을 어기다 / 170
여자만 밝히는 사람, 호색가 / 171

[ㅂ형]

반신반의 / 172
잔병치레가 많다 / 173

[Y형]

손해보다 / 174
잠꾸러기 / 175

[ㅎ형]

다른 일에는 막 나서다가 자신이 없는 일에는 뒤꽁무니를
뺀다 / 177

[ㅁ형]

길이 많이 막히다 / 179

[2형]

겸용, 두 가지 / 181

[70형]

노려보다, 째려보다 / 183

[3형]

대수롭지 않다, 아무것도 아니다 / 184

[ㅈ형]

완전히 까막눈이다 / 185

[포형]

말만 한다, 공수표를 남발하다 / 187

[90형]

반하다, 사랑에 빠지다 / 190

[주사형]

미중, 만나다 / 191

[재벌형]

재벌, 큰 부자 / 192

색인 – 가나다순

~ 한 적이 없다, 경험이 없다 / 091

가격, 주가 따위가 오르다 / 051

가능하다, 할 수 있다 / 066

간섭하지 않고 가만히 있다, 잠자코, 수수방관 / 100

간이 맞지 않다, 더하고 싶다 / 021

감언이설로 꾀다 / 022

감옥에 들어가다 / 166

감옥에서 나오다 / 167

감쪽같이 사라지다, 홀연히 사라지다, 눈 깜짝할 새 / 155

강하다 / 132

거들떠보지 않다 / 066

거세다, 맹렬하다, 파악하다 / 111

건성으로 듣다 / 140

겉과 속이 다르다, 위선적이다 / 112

견디지 못하겠다, 도저히 참지 못하겠다 / 134

결코, 절대로 / 152

겸용, 두가지 / 181

고급, 돋보이다 / 022

고수 / 092

고집불통 / 133

괴상하다, 괴팍하다, 못 말리다 / 080

구멍이 나다 / 052

구미에 맞지 않다, 입맛에 맞지 않다 / 023

굳은 결의를 다지는 모습 / 112

귀찮다 / 156

그래 네 말이 맞다, 지당한 말이다, 당연하다 / 081

금시초문이다, 처음 듣는 소리다, 그런 이야기는 들어보지 못했다 / 121

기술이 없다 / 052

기술이 탁월하다, 재주가 비상하다, 솜씨가 좋다 / 053

기절초풍하겠다 / 093

기회를 놓치다, 이미 엎질러진 물이다 / 146

긴 말이 필요 없다, 복잡하게 할 것 없다 / 023

길이 많이 막히다 / 179

깨끗이 비우다, 바닥이 나다 / 068

꽉 차다, 팽팽하다, 가득하다 / 134

꾸미다 / 122

꾸준히 전진하다, 적극적으로 / 024

꿍꿍이 속, 속셈 / 113

꿰뚫어 보다, 파악하다, 딱 걸렸다 / 024

나보다 수준 낮다 / 129

난들 어떻게 할 도리가 없다, 방법이 없다 / 081

남을 등쳐 먹다, 착취하다 / 113

남을 속이다 / 163

남의 눈에 띄다, 돋보이다 / 025

남의 말에 이끌리다, 귀가 얇다, 친구 따라 강남간다 / 136

낯익다 / 026

내 정신 좀 봐라, 머리가 아주 나쁘다, 골이 비었다, 멍청이 / 026

내가 이긴 거야, 내가 최고야 / 082

내가 이길 수 없다 / 027

내버려 둬 / 113

너는 내 적수가 못 된다, 나를 못 당한다 / 153

너무 많다 / 093

너무 멀다 / 147

너무 웃긴다 / 101

너무 적다 / 027
너에 대해서 다 안다, 알았어, 더 이상 설명하지 않아도 돼,
다 알아! / 160
네 부탁을 들어주마 / 137
노려보다, 째려보다 / 183
노련하다, 베테랑이다 / 028
눈에 거슬리다, 보기 싫다 / 028
눈을 부릅뜨다 / 093
눈이 좋다, 눈썰미가 있다 / 029
눈치가 빠르다 / 030
눈치가 빠르지 못하다, 상황을 분간하지 못하다 / 031
다 털리다, 날리다 / 053
다른 사람이나 그 사람이 하는 일을 무시하다 / 082
다른 일에는 막 나서다가 자신이 없는 일에는
뒤꽁무니를 뺀다 / 177
담대하다 / 148
대수롭지 않다, 아무 것도 아니다 / 184
더 이상 설명하지 않아도 알겠다 / 083
덤비다 / 157
도로, 옛날 그대로다, 전혀 변한 것이 없다,
여전히 그렇다 / 141
도매금으로, 몽땅 / 068
도무지 생각이 나지 않는다 / 032
도와주지 않겠다 / 068
돈만 아는 사람, 돈벌이에 혈안이 되다 / 054
돈이 많다, 부자 / 054
돌 / 149
들켰다, 발각 당하다, 딱 걸렸다 / 161
뜻밖에, 뜻밖이다 / 033
마음이 약해서 탈이다, 동정심이 많아서 탈이다 / 033
마중, 만나다 / 191
막역지우, 아주 친한 친구 / 168
막히다, 잘 안 된다 / 070
많은 사람을 만나다 / 033
말 안들을 때, 불순종, 말을 잘 듣지 않는다 / 034
말로 표현할 수 없다, 말도 마라! 형언할 수 없다 / 034
말만 한다, 공수표를 남발하다 / 187
말을 바꾸다, 말이 달라지다 / 035
말이 막혀서 할 말이 없다 / 035
말이 안 통하다, 거 참 대책이 없는 사람이네 / 036
말이 통하지 않는다, 동문서답 / 036

망신당하다 / 037
망하다 / 101
맞추다, 딱 맞다 / 129
맵다 / 094
머리가 나쁘다, 구제불능 / 038
먹보 / 055
먹어서는 안된다 / 070
먹은 적이 없다 / 070
먹음직하다 / 071
먹지 말라 / 071
먹지 않았다 / 072
멍청이 / 116
멍하다 / 039
몇 시간 동안 / 000
모르는 척 시치미 떼다, 슬그머니, 슬슬 얼버무리다 / 143
모른 체 / 162
모양이 작다 / 137
모자라다, 부족하다 / 122
모함하다 / 102
목격하다, 보다 / 117
못 당하겠다, 항복 / 084
못 본척하다, 건성으로 보다 / 095
못 봤어 / 055
무감각하다 / 085
무료 / 056
무심결에, 무심코, 생각 없이 / 039
문제를 어렵게 내다, 출제하다 / 138
물건 등의 수명이 오래가다 / 135
뭐가 뭔지 모르겠다 / 086
미리 다 알고 있으니까 속이지마 / 086
미치다, 열광하다, 빠지다 / 040
믿을 수 없다 / 040
바람을 피우다, 바람둥이 / 087
거 봐, 바로 그거야! / 125
반신반의 / 172
반하다, 사랑에 빠지다 / 190
발끈하다, 화나다, 성나다 / 114
발뺌하다, 이 핑계 저 핑계를 대다 / 040
배고파 죽겠다 / 087
배탈이 나다, 설사 / 114
벼락부자가 됐다 / 056

205

병신, 들켰다 / 130

보았다 / 056

보이다 / 118

보지 마라 / 057

보지 않다 / 057

보지 않았다, 안 보았다, 본 적이 없다 / 058

복잡한 것을 모두 잊고 싶다 / 072

부실하다, 실속이 없다 / 123

부채 늘어나다, 적자 늘어나다 / 041

불가능하다 / 058

불성실하다, 무성의, 성의 없다 / 058

비위가 상하다, 비위에 맞지 않다 / 087

비위를 맞추다 / 073

빠짐없이, 빈틈없이 / 088

빨리 닳다 / 042

빨리빨리 / 102

뻔뻔스럽다 / 118

사업이 호황이다, 바빠 죽겠다, 인기가 폭발하다 / 103

사용하지 않고 내버려 두다 / 143

산더미처럼 많다 / 150

살살, 천천히 / 165

상대도 안 된다 / 074

상습적으로, 한두 번이 아니다 / 104

상투적이다, 새로운 적이 없다, 진부하다 / 096

생각이 간절하다 / 158

생각이 부족하다, 똑똑하지 못하다 / 042

서로 못 만난 채 헤매다 / 126

서로 인사 안하고 말도 건네지 않고 지내다 144

소름이 끼치다, 무시무시하다 / 104

소심하다, 담대하지 못하다, 속이 좁다 / 075

손해보다 / 174

솔직히 말하다 / 075

수다, 말이 많다 / 059

순식간에 / 062

술을 많이 마시다, 술주정뱅이 / 126

신경 쓰지 않는다, 아랑곳하지 않는다,
개의치 않는다 / 119

신난다 / 063

실력이 늘었다, 전보다 실력이 낫다 / 076

심증을 굳히다, 의심하다 / 043

쌍벽을 이루다 / 126

쌤통이다, 우습다 / 165

썩 마음에 안 든다 / 043

아! 생각 났어 / 063

아껴서 조금씩 사용하다 / 145

아슬아슬, 진땀이 나다 / 156

아이고 골치야! / 105

아찔하다 / 044

아하 알겠다, 터득했다, 이제 감을 잡았다,
이제 알았다 / 105

악착같다, 끈질기다 / 123

악취, 기억력이 좋다 / 096

안 먹다 / 076

안 보이다 / 150

알면서도, 일부러 / 089

약속을 어기다 / 170

어느 누구도 편들지 않는다 / 064

어디 한번 해봐? / 044

얻어터지다, 얻어맞다, 상처투성이 / 127

얼굴이 판에 박은 듯이 똑같다 / 044

여유 있다, 넉넉히 남다 / 151

여자만 밝히는 사람, 호색가 / 171

열심히 하다 / 106

오래 기다리다 / 106

완전히 까막눈이다 / 185

원 세상에…살다보니 별일 다 본다, 세상에… / 045

유혹에 넘어가다. 마음이 흔들리다 / 124

으뜸가다 / 045

의심하다, 의혹의 눈초리를 보내다 / 124

이등 / 096

이심전심, 자세히 말 안 해도 알아서 하다 / 045

익숙하다 / 120

익숙해지다, 습관이 되어서 아무렇지도 않다,
적응이 되다 / 115

일등, 가장 ~하다 / 046

일이 겹치다, 중복되다,
두 가지 일이 동시에 일어나다 / 097

작심삼일 / 141

잔병치레가 많다 / 173

잘하는구나, 대단하구나 / 089

잘하다, 100점, 만점 / 089

잠꾸러기 / 175

잠을 못 이루다 / 130

장난꾸러기 / 090

재량껏, 엿장수 마음대로 / 127

재벌, 큰 부자 / 192

전심전력으로, 젖 먹던 힘을 다해 / 047

절대로 ~하지 않겠다, 두 번 다시 실수를
되풀이하지 않겠다 / 097

점점 이해가 되다 / 077

점차 흥미를 잃다, 시시해지다, 싫증나다,
타성에 젖다 / 077

정성을 들여 만들다 / 064

정조를 빼앗다 / 131

제법이다 / 138

조마조마하다, 우려하다 / 107

좋다 말았다, 좋은 기회를 놓치다 / 094

좌절하다, 소진하다 / 107

주의 깊게 보지 않다 / 047

중간에서 포기하다 / 078

지각하기를 밥 먹듯이 하다 / 078

지루하다 / 079

징그럽다, 섬뜩하다 / 048

참 흥미로운 이야기군 / 064

최고급 / 098

최상급 표현 / 142

측은한 마음이 들다, 동정심이 생기다 / 048

큰소리치다, 만용을 부리다 / 098

탄로가 나다 / 048

탕진하다 / 098

텅 비었다 / 169

통 말을 안 듣는다, 아무리 설득해도 요지부동이다,
귀담아 들으려 하지 않는다 / 065

폭소가 터지다 / 108

한눈을 팔지 않는다, 외곬으로 한다 / 154

할 수 없이, 마지못해 / 148

행동이 굼뜨다, 느리다 / 108

허탕을 치다, 빗나갔다 / 127

혼이 나다, 어이쿠…!, …할 뻔하다 / 049

황당무계하다, 뚱딴지같다 / 099

훌륭하다, 우수하다, 위대하다 / 139

힘, 세다 / 110

힘이 빠지다, 할 마음이 나지 않는다 / 049

참고 문헌

_ 김칠관(1998).《한국수화의 어원연구》. 인천성동학교.

_ 이준우(1997).《고급수화》. 서울: 여수룬.

_ 이준우(2004).《수화통역입문》. 서울: 인간과 복지.

_ 장진권(1995).《한국 수화의 어원적 의미》. 단국대학교 교육대학원.

_ 최상배 · 안성우(2002).《한국수어의 이론》. 서울: 서현사.

_ 최태경(1999).《동아 새국어사전》(탁상판). 서울 : (주)두산.

이준우

총신대학교 종교교육학과 졸업
총신대학교 신학대학원 실천신학 수료
숭실대학교 대학원 사회복지학 석사 • 박사
미국 사우스웨스턴침례신학대학원 목회학 박사
강남대학교 복지융합대학 사회복지학부 교수
강남대학교 일반대학원 수화언어통번역학과 주임교수
강남대학교 산학협력단 부설 한국CISM연구소 소장
한국기독교사회복지실천학회 학회장
한국수어학회 학회장
지구촌교회 농아부 지도목사
《수화언어의 이해와 실제: 초급과정》,
《수화의 이해와 실제: 중급과정》,《데프 앤 데프》,
《한국수화 회화 첫걸음》,《한국 수어학 개론》,
《손으로 세상을 향해 말하다!: 밀알수어》,
《농인의 삶과 수화언어》,《복지선교와 복지목회》,
《통합과 융합의 사회복지실천》등의 저서와
《오지 않는 버스를 기다리는 아이》등 역서가 있음

남기현

총신대학교 유아교육과 졸업
단국대학교 대학원 특수교육학과 교육학 석사
고려대학교 대학원 언어학과 문학 박사
나사렛대학교 휴먼재활학부 수어통역교육전공 교수
한국수어학회 이사
《수화통역의 기초》,《한국 수어학 개론》,
《농인과 함께하는 한국수어》,
《손으로 세상을 향해 말하다!: 밀알수어》등 공저가 있음

나남신서 · 2040

수화언어의 이해와 실제 고급과정

2004년 4월 30일 발행
2021년 6월 5일 5쇄

저자 • 이준우 · 남기현
발행자 • 趙相浩
발행처 • (주)나남
주소 • 413 – 120 경기도 파주시 회동길 193
전화 • 031)955-4601
FAX • 031)955-4555
등록 • 제1-71호(1979.5.12)
홈페이지 • www.nanam.net
전자우편 • post@nanam.net

ISBN 978-89-300-4040-2
ISBN 978-89-300-8001-9(세트)
책값은 뒤표지에 있습니다.

나남사회복지학총서 ③

주) 나남

나남의 책은 쉽게 팔리지 않고 오래 팔립니다

34 문제아의 가족치료

하나의 개인인 아동에 대한 심층적 이해와 가족치료를 위한 정신역동적, 행동발달론적 처방을 제시.

엘렌 F. 왁텔 / 이준우 (강남대) 역

· 신국판 / 458쪽 / 16,000원

35 사회복지실천기술연습

사회복지 전문가의 자질, 윤리의식을 강조한다. 또한 사회복지실천의 각 단계에서 사회복지사의 기술과 역할을 사례를 통해 습득하도록 하였다.

Barry Cournoyer / 김인숙 · 김용석 (가톨릭대) 공역

· 4×6배판 / 390쪽 / 18,000원

36 가족학대 · 가족폭력

가족학대, 가정폭력, 아동·노인학대 등 가족학대 및 폭력에 대한 통합적 개론서.

알란 켐프 / 이화여대 사회사업연구회 역

· 신국판 / 446쪽 / 16,000원

38 임상사회복지 사정분류체계

인간과 사회적 환경 간의 상호작용 속에서 '환경 속의 개인'(PIE)의 사회적 기능수행문제를 체계적으로 정리.

제임스 칼스 외 / 임상사회사업연구회 역

· 4×6배판 / 386쪽 / 18,000원

39 현대 사회복지실천이론

기존의 이론서보다 폭넓은 범위의 이론들과 관점을 포함하는 사회복지실천이론의 종합서.

말콤 페인 / 서진환 (성공회대), 이선혜 (중앙대), 정수경 (전주대) 공역

· 신국판 / 546쪽 / 20,000원

40 사회복지 질적 연구방법론

질적 연구방법론을 적용하여 사회복지를 살펴본, 여러 응용분야의 실천가와 연구자를 위한 이론서.

데보라 K. 패짓 / 유태균 (숭실대) 역

· 신국판 / 288쪽 / 9,500원

41 사회복지개론 (개정3판)

기존의 방대한 사회복지 개론서를 종합하여 집대성한 사회복지학의 개론서.

김상균 · 최성재 · 최일섭 · 조흥식 · 김혜란 · 이봉주 · 구인회 · 강상경 · 안상훈 (서울대) 공저

· 크라운판 / 568쪽 / 25,000원

42 사회복지실천기술론 (개정2판)

개인과 가족, 집단을 대상으로 사회복지실천을 위한 지식과 가치, 기술에 관한 내용을 담고 있다.

김혜란 (서울대), 홍선미 (한신대), 공계순 (호서대) 공저

· 신국판 / 352쪽 / 18,000원

43 사회복지정책의 이해

사회복지정책의 이해를 높이기 위해 인근 사회과학 지식을 바탕으로 한국의 사회복지정책을 분석.

김태성 (서울대) 저

· 신국판 / 370쪽 / 16,000원

44 사회복지의 역사 (개정판)

폭넓으면서도 깊은 사회복지연구를 위한 역사적 고찰과 함께 제3세계와 한국에서의 복지국가의 발전과 재편을 논하였다.

감정기 (경남대), 최원규 (전북대), 진재문 (경성대) 공저

· 신국판 / 440쪽 / 20,000원

45 산업복지론

산업복지의 구체적 내용과 방법, 형성배경·과정, 다양한 프로그램 등을 다룸으로써 노동자와 그 가족의 건전한 삶의 질 향상에 초점을 두었다.

조흥식 (서울대), 김진수 (연세대), 홍경준 (성균관대) 공저

· 신국판 / 408쪽 / 17,000원

46 의료사회사업론

의료환경의 변화 속에서 사회복지사의 전문성을 높이기 위한 의료사회사업 관련지식, 기술 및 윤리적 태도를 제공.

윤현숙 (한림대), 김연옥 (서울시립대), 황숙연 (덕성여대) 공저

· 신국판 / 538쪽 / 22,000원

48 사회복지 윤리와 철학

변화된 사회복지제도와 조직환경에 맞추어 사회복지사의 가치와 윤리문제에 대한 철학과 윤리교육의 필요성을 제기하였다.

김상균 (서울대), 오정수 (충남대), 유채영 (충남대) 공저

· 신국판 / 378쪽 / 15,000원

52 수화의 이해와 실제: 초급과정 (개정2판)

수화를 처음 배우는 사람에게 기초부터 차근히 농인과 대화하고 통역하는 데 큰 도움이 될 것이다.

이준우 (강남대) 저

· 4×6배판 / 224쪽 / 18,000원

53 아동청소년복지론 (개정판)

아동청소년의 올바른 이해와 그들의 욕구 및 문제를 효과적으로 다룰 수 있는 관점에서 기초이론과 더불어 아동청소년복지의 과제와 전망을 제시.

표갑수 (청주대) 저

· 신국판 / 620쪽 / 28,000원

경기도 파주시 회동길 193 TEL : 031)955-4601 FAX : 031)955-4555 www.nanam.net

나남사회복지학총서 ④

주) 나남 · 나남의 책은 쉽게 팔리지 않고 오래 팔립니다 2013

54 현대 불교사회복지론

서구적 관점에서의 사회복지연구에 치우친 것에 대한 반성과 비판으로, 사회복지적 요소를 담고 있는 전통적 가치를 중심으로 한 불교사회복지에 대한 체계적 연구.

권경임(종교사회복지회) **저**

· 신국판 / 450쪽 / 17,000원

56 고령화 사회의 도전(개정증보판)

빠르게 전개되는 한국사회의 고령화를 가족, 효, 재혼, 성, 질환, 실버산업, 교육 등 다양한 분야와 관점에서 분석.

임춘식(한남대) **저**

· 신국판 / 359쪽 / 14,000원

57 사회복지개론

생산적·예방적 사회복지사업의 발전을 모색하면서 학생과 사회복지에 관심을 가진 일반인들에게 유용한 사회복지에 관한 개론서.

표갑수(청주대) **저**

· 신국판 / 576쪽 / 25,000원

58 가족과 레질리언스

가족을 새롭게 의미부여하고 특히 탄력성으로 번역되는 레질리언스(*resilience*) 라는 개념을 통해 가족을 이해한다.

프로마 월시 저 / **양옥경·김미옥·최명민 공역**

· 신국판 / 496쪽 / 18,000원

59 수화의 이해와 실제: 중급과정

전문 수화통역사와 일선 사회복지사 및 관련 전공학생들과 수화에 관심 있는 이들이 수화를 깊이 이해하는 데 도움이 된다.

이준우(강남대) **저**

· 4×6배판 / 260쪽 / 15,000원

60 지역사회복지론

사회복지의 개념을 지역단위로 한정하여, 소득·보건·환경·주택·교통 등 지역사회 주민의 요구와 사회적 노력에 초점을 맞추었다.

표갑수(청주대) **저**

· 신국판 / 411쪽 / 16,000원

61 장애인복지실천론

장애인복지실천의 현장과 이론을 소개, 우리나라 장애인의 현황과 복지에 대한 이해를 넓힌다.

김미옥(전북대) **저**

· 신국판 / 504쪽 / 22,000원

62 사회복지 질적 연구방법의 이론과 활용

사회복지 분야의 문제해결 및 실천적 활용을 위한 다양한 질적 연구방법과 대안적 연구방법을 제시.

Edmund Sherman, William J. Reid / **유태균**(숭실대), **이선혜**(중앙대) · **서진환**(성공회대) **공역**

· 4×6배판 / 544쪽 / 28,000원

63 가족복지론

가족복지에 대한 지식과 개입에 필요한 실천기술을 습득하는 데 도움이 될 것이다.

김연옥(서울시립대) · **유채영**(충남대) · **이인정**(덕성여대) · **최해경**(충남대) **공저**

· 신국판 / 600쪽 / 28,000원

64 자원봉사론

자원봉사의 개념과 역사, 현황 및 자원봉사관리의 영역들, 즉 자원봉사 프로그램 기획, 자원봉사자 모집, 선발과 면접, 교육훈련, 슈퍼비전, 평가와 승인 등과 자원봉사관리의 실제를 소개하고 있다.

남기철(동덕여대) **저**

· 신국판 / 472쪽 / 25,000원

65 학교와 사회복지실천

국가의 내일을 짊어질 차세대 인재들의 요람인 학교의 전인교육 및 학교사회사업에 대한 길잡이.

한인영(이화여대) · **홍순혜**(서울여대) · **김혜란**(서울대) **공저**

· 신국판 / 328쪽 / 15,000원

66 지역사회복지론

지역사회에 대한 개념정의 및 지역사회복지실천의 이론과 실천모델, 실천과정 등을 소개하고 있다.

감정기(경남대), **백종만**(전북대), **김찬우**(가톨릭대) **공저**

· 신국판 / 448쪽 / 24,000원

68 청소년복지론

일반적인 청소년복지분야를 일반청소년과 소외청소년 및 문제청소년복지분야로 구분하고, 청소년의 발달을 최적화할 수 있는 방법을 모색하였다.

이소희(숙명여대) · **도미향**(남서울대) · **정익중**(덕성여대), **김민정**(한남대) · **변미희**(백석대) **공저**

· 신국판 / 624쪽 / 27,000원

70 현대복지국가의 변화와 대응

복지국가의 변화, 그 변화의 성격과 내용, 그리고 변화의 방향 등에 대해 소개하고 있다.

김태성(서울대) · **류진석**(충남대) · **안상훈**(서울대) **공저**

· 신국판 / 328쪽 / 15,000원

경기도 파주시 회동길 193 TEL : 031)955-4601 FAX : 031)955-4555 www.nanam.net

나남사회복지학총서 ⑤

나남의 책은 쉽게 팔리지 않고 오래 팔립니다

2013

71 비교빈곤정책론

고용 없는 성장, 청년실업 등에 따른 양극화 현상, 사회적 배제 등 '신빈곤'에 대한 세계 주요국의 빈곤정책을 일목요연하게 정리.

김상균 · 조흥식(서울대) 외 공저

• 신국판 / 624쪽 / 32,000원

72 사회복지연구조사방법론

사회복지 연구조사방법론을 쉽게 풀이하여 과학적 진리탐구 방법을 소개하고 있다.

김환준(경북대) 저

• 4×6배판 / 304쪽 / 18,000원

73 사회복지조사방법론

사회복지조사방법론이 응용사회과학으로서 사회복지학의 실천 현장에서도 사회과학적 관점을 충분히 살려 사회조사를 수행하는 데 도움이 되도록 쉽게 소개하고 있다.

최성재(서울대) 저

• 4×6배판 / 664쪽 / 28,000원

74 수화의 이해와 실제: 고급과정

전문 수화통역사와 일선 사회복지사 및 관련 전공자들의 수화읽기와 수화사용에 깊이를 더하는 길잡이.

이준우(강남대), **남기현**(나사렛대) 공저

• 4×6배판 / 216쪽 / 15,000원

75 사회복지실천이론의 이해와 적용

사회복지 실천의 다양한 이론을 총망라한 사회복지실천이론의 베스트 셀러.

F. 터너 / 연세사회복지실천연구회 역

• 4×6배판 / 800쪽 / 38,000원

76 사회복지자료분석론

독자의 입장에서 사회통계를 보다 근본적으로 이해하는 데 이 정도의 상세한 사회통계 교재는 없다고 믿고, 이 교재가 사회복지학의 이론과 실천에 크게 도움이 될 것으로 기대한다.

최성재(서울대) 저

• 4×6배판 / 576쪽 / 29,000원

77 욕구조사의 이론과 실제

욕구조사의 이해에 필요한 지식과 이론, 욕구조사의 기술·방법·절차 및 욕구조사활동의 비판적 분석능력과 욕구조사결과를 보다 적극적으로 활용할 수 있는 접근방법 등을 소개하고 있다.

서인해(한림대), **공계순**(호서대) 공저

• 신국판 / 224쪽 / 12,000원

78 사회복지정책론

이 책은 철저하게 한국의 현실조건에서 일어나고 있는 정책적 문제들을 분석하고 어떤 해결책을 찾아가야 하는지에 초점을 맞췄다.

이태복(사) 인간의 대지 이사장), **심복자**(사) 인간의 대지 이사) 공저

• 신국판 / 408쪽 / 20,000원

79 사회문제와 사회복지

빈곤문제, 노동문제, 교육불평등문제, 환경오염문제, 도시문제, 이혼, 비행, 범죄, 폭력, 약물남용, 정신질환문제 등 다양한 사회문제에 대한 기존이론과 실제를 하나로 묶은 실천지침서.

표갑수(청주대) 저

• 신국판 / 600쪽 / 30,000원

80 복지국가의 태동

한국에서 복지국가가 시동을 걸게 된 배경과 과정, 특성과 제약 등 복지제도의 발전과 변화에 대한 이론적 시각을 날줄로 하고, 그에 대한 실증적 자료를 씨줄로 삼아 엮은 책으로 새로운 복지정치 탐색의 길잡이.

송호근(서울대), **홍경준**(성균관대) 공저

• 신국판 / 368쪽 / 18,000원

81 21세기 새로운 복지국가

이 책은 생애주기에 관련된 네 가지 주요 쟁점을 다룬다. 그 네 가지 쟁점은 아동기 및 아동이 있는 가족, 양성평등 및 일하는 어머니들이 직면하는 가정과 직장의 양립문제, 경제활동기간, 퇴직 후 기간이다.

에스핑앤더슨 · 갈리 · 헤머릭 · 마일즈 / 유태균(숭실대) 외 공역

• 신국판 / 368쪽 / 15,000원

82 복지재정과 시민참여

국민이 모두 인간다운 삶을 영위하고 나눔의 정신을 통해 사회통합을 이루며 지속가능한 발전을 이룰 수 있는 사회복지 시스템이 필요하다. 사회복지에 대한 국가의 역할을 논할 때 재정은 가장 중요한 핵심문제이다.

윤영진(계명대) 외 공저

• 신국판 / 440쪽 / 22,000원

83 임파워먼트와 사회복지실천

이 책은 이 시대의 사회복지사라면 피해 갈 수 없는, 그리고 피해서는 안 되는 임파워먼트의 핵심가치와 철학을 제공한다는 점에서 실천현장과 교육현장 모두에 가치가 있다.

로버트 애덤스 / 최명민(백석대) 역

• 신국판 / 288쪽 / 12,000원

경기도 파주시 회동길 193 TEL : 031)955-4601 FAX : 031)955-4555 www.nanam.net

나남사회복지학총서 ⑥

주) 나남   나남의 책은 쉽게 팔리지 않고 오래 팔립니다   2013

84 한국의 복지정책 결정과정: 역사와 자료

이 책은 산재보험, 의료보험, 국민연금, 고용보험의 4대보험과 방대한 자료목록을 바탕으로 한국복지정책의 결정과정을 실재에 가깝게 구성하여 정책결정자 및 실무자에게 지침서 역할을 한다.

양재진(연세대) 외 공저

• 크라운판/464쪽 / 24,000원

85 여성복지 실천과 정책

이 책은 여성복지의 환경변화에 부응하여 여성복지의 정책과 실천을 여성주의 시각에서 접근한 다양한 논의들을 소개하고 있다.

김인숙(가톨릭대) · **정재훈**(서울여대) 공저

• 신국판/448쪽 / 22,000원

86 보건복지정책론

이 책은 사회변화와 보건복지정책, 사회문제와 복지정책, 보건의료문제와 보건정책을 포괄적으로 다루고 있어 정책결정자 및 실무자에게 지침서 역할을 한다.

문창진(포천중문의과대) 저

• 신국판/328쪽 / 17,000원

87 다문화사회, 한국

이 책은 다문화사회로 이행하는 한국의 변화에 대한 이해와 그 파급효과를 체계적으로 정리하였다.

김은미 · **양옥경** · **이해영**(이화여대) 공저

• 신국판/400쪽 / 18,000원

88 기초생활보장제도 현장보고서

이 책은 기초생활보장제도의 문제점을 파악하고 제도개선을 위하여 현장을 모니터링한 연구로, 사회복지정책 실무자나 연구자에게 귀중한 현장의 소리를 전하고 있다.

홍경준(성균관대) · **이태진**(한국보건사회연구원) 공편

• 신국판/456쪽 / 20,000원

89 자원봉사론

이 책은 자원봉사에 관한 이론과 실무를 두루 섭렵하고 있어 자원봉사에 관심을 갖는 모든 학생들과 실무자는 물론 일반인들의 안내서로서의 역할이 기대된다.

표갑수(청주대) 저

• 신국판/440쪽 / 20,000원

90 사회복지정책론

이 책은 현실사회에서 작동하고 있는 사회복지정책을 이해하는 데에 필요한 사회과학의 이론을 비롯하여 사회복지제도의 분석틀과 각 분야의 정책들을 검토하고 평가하고 있다.

구인회(서울대) · **손병돈**(평택대) · **안상훈**(서울대) 공저

• 신국판/528쪽 / 20,000원

91 한국수화회화 첫걸음

이 책은 기존의 수화학습서와 달리 청인이 사용하는 국어어순을 그대로 따르거나 단어만 나열하지 않고, 수화특유의 독특한 표현방식과 수화문법을 소개하여 누구나 쉽게 수화로 대화할 수 있도록 꾸몄다.

이준우 · **김연신** · **송재순** · **한기열** · **홍유미** 공저

• 4×6배판/296쪽 / 18,000원

92 인간행동과 사회환경

이 책에서는 '인간행동'을 개인체계 내적 이론인 정신분석이론, 인본주의, 행동주의, 인지이론 등을 통해 탐구하고, '사회환경'을 사회·정치이론인 갈등론, 기능론, 다원주의 이론 등을 통해 탐구하며, 인간과 사회의 상호작용을 '생태체계론'을 통해 고찰한다.

강상경(서울대) 저

• 신국판/408쪽 / 18,000원

93 의료사회복지실천론

이 책은 의료환경의 급속한 변화 속에서 의료기관에 종사하는 사회복지사의 전문성을 높이고 활동영역을 확장하는 데 필수적인 의료사회사업의 전문지식과 실천기술, 윤리 등을 제공한다. 구체적으로 의료사회복지실천의 개념 `환경 `역사, 의료보장제도, 의료기관, 지역사회서비스 등에 대해 살펴보고, 이러한 지식을 실제에 활용한 사례연구를 소개한다.

윤현숙(한림대) · **김연옥**(서울시립대) · **황숙연**(덕성여대)

• 신국판 / 576쪽 / 28,000원

94 장애인소득보장론

이 책은 2010년 제정된 '장애인연금법'의 사회적 의의와 국회 제정과정의 상세한 기록이다. 법조계와 장애인 운동계의 경험자이자 장애인 관련 입법활동중인 현직 의원으로서 누구보다도 장애인 정책의 현실을 잘 알고 있는 저자는 '장애인연금법'의 국회 제정과정을 상세히 다루며, 향후 '장애인연금법'과 장애인 관련 사회제도가 어떻게 발전되어야 하는지를 정리하였다.

박은수(국회의원)

• 신국판 / 248쪽 / 14,000원

경기도 파주시 회동길 193 TEL : 031)955-4601 FAX : 031)955-4555 www.nanam.net

97 장애인 복지정책과 실천

장애 패러다임이 변화하고 있다. 이에 따라 장애인 복지정책의 목표, 사회복지실천 서비스의 역할도 당연히 변화한다. 과거 장애인복지 현장에서 사회복지사들은 단순히 보호와 돌봄, 요양 등과 같은 소극적 업무에 집중하였으나, 이제는 장애인과 그 가족들을 대상으로 보다 구체적으로 개입하여 사회복지실천을 수행한다. 이 책은 이러한 변화된 장애인복지 현장에서 사회복지사들은 어떠한 일들을 해야 하며, 무엇을 유념해야 하는지에 대한 매우 구체적인 가이드북이라 할 수 있다.

이준우(강남대)

• 신국판 / 472쪽 / 28,000원

99 사회복지행정론

사회복지행정은 사회문제의 해결을 통한 사회구성원의 삶의 질 향상이라는 목적을 위하여 조정과 협력을 통해 조직의 목표를 정의하고 성취해 나가는 과정에 대한 책이다. 사회복지행정의 영향은 사회복지조직의 모든 구성원과 그 이해관계자에게 미친다. 이 책을 통하여 사회복지조직의 모든 이해관계자들의 사회복지행정에 대한 이해가 한 단계 높아질 수 있을 것이다.

이봉주(서울대) · **이선우**(인제대) · **백종만**(전북대)

• 신국판 / 448쪽 / 20,000원

100 사회복지실천론

사회복지학 교과목 '사회복지실천론'은 '사회복지실천기술론'의 선수과목으로 일반적으로 학생들은 이 두 과목을 이수하고 실천현장으로 실습을 나가게 된다. 이 책은 모두 열네 장으로 구성되어 있는데 사회복지실천의 이론과 현장, 사회복지사와 클라이언트의 관계, 사례관리, 국내 현황 등 사회복지실천에 대해 필수적으로 알아야 하는 내용을 다뤘다.

김혜란(서울대) · **공계순**(호서대) · **박현선**(세종대)

• 신국판 / 372쪽 / 18,000원

101 알고 이용하자! 성년후견제도

박은수(강남대 특임교수 · 변호사)

이 책은 성년후견제도의 이용자인 장애인과 치매노인의 입장에서, 또한 그들의 후견인이 될 사람들의 입장에서 쉽게 서비스를 이용할 수 있도록 한다. 성년후견제도 이용자들과 후견인들이 꼭 알아야 할 복지서비스 현황과 우리보다 앞서 이 제도를 도입한 일본이 겪었던 다양한 시행착오 사례들을 가능한 한 쉽게 썼다.

• 신국판 / 352쪽 / 18,000원

102 한국수어학개론

수어는 단순한 몸짓이 아니다. 수어가 사회적 위치를 확립하고, 농인들에 대한 사회적 인식이 개선되어 일상 속에서 수어를 사용해도 차별하지 않는 사회가 이룩될 때 수어는 진정한 언어로서 인정받을 수 있을 것이다.

이준우(강남대) · **남기현**(나사렛대)

• 크라운판 변형 / 368쪽 / 22,000원

103 제도적 문화기술지: 사람을 위한 사회학

저자는 이 책에서 제도적 문화기술지의 개념적, 이론적 토대와 연구수행에 필요한 개념적, 방법론적 장치들을 다룬다. 여기서 풍성하고 깊이 있게 다루는 이론적, 개념적 토대를 시간을 갖고 충분히 이해한다면 제도적 문화기술지 연구 실행에 필요한 중요한 지침과 방법들을 끌어낼 수 있을 것이다.

도로시 스미스 / **김인숙**(가톨릭대) · **우아영**(서울제일대학원대) · **조혜련**(가톨릭대) · **하지선**(가톨릭대) · **한상미**(인덕대) 옮김

• 신국판 / 416쪽 / 20,000원

경기도 파주시 회동길 193   TEL : 031)955-4601   FAX : 031)955-4555   www.nanam.net